ANDREAS ENGLISCH

O PAPA DOS MILAGRES

JOÃO PAULO II

Prefácio do Padre Antonio Maria

São Paulo
2011

UNIVERSO DOS LIVROS

Originalmente publicado em 2011 por C. Bertelmann Verlag, Munique, pelo Verlagsgruppe House GmbH.

Diretor-Editorial: **Luis Matos**
Editora-Chefe: **Marcia Batista**
Assistente-Editorial: **Noele Rossi**
Tradução: **Daniel Fanta**
Preparação: **Marly Peres**
Revisão: **Felipe Vieira**
Arte: **Camila Kodaira** e **Stephanie Lin**
Capa: **Zuleika Iamashita**

Dados Internacionais de Catalogação na Publicação (CIP)
(Câmara Brasileira do Livro, SP, Brasil)

E58p Englisch, Andreas.

O Papa dos Milagres/ Andreas Englisch ; [tradução de Daniel Fanta]. – São Paulo : Universo dos Livros, 2011.
268 p.

Tradução de: Der Wunderpapst: Johannes Paul II

ISBN 978-85-7930-267-1

1. Religiões. 2. Cristianismo. I. Título.

CDD 922.21

Universo dos Livros Editora Ltda.
Rua do Bosque, 1589 – Bloco 2 – Conj. 603/606
CEP 01136-001 – Barra Funda – São Paulo/SP
Telefone/Fax: (11) 3392-3336
www.universodoslivros.com.br
e-mail: editor@universodoslivros.com.br
Siga-nos no Twitter: @univdoslivros

Para meu filho Leonardo e minha esposa Kerstin

PREFÁCIO

"Non abbiate paura!" – Não tenhais medo!

Este foi o primeiro grito de Karol Wojtyla ao mundo na missa de sua tomada de posse como papa. Durante seu pontificado, um dos mais longos da história, quase 27 anos, João Paulo II continuou gritando ao mundo: Não tenhais medo! Ele que tinha tudo para viver no medo: nasceu durante a Primeira Guerra Mundial. Perdeu sua mãe ainda criança, antes de fazer sua primeira comunhão. Aos 12 anos, perdeu também seu "adorado" irmão Edmundo, recém-formado em medicina, vítima de uma violenta epidemia. Ao entrar na Universidade, eclode a Segunda Guerra Mundial. Aos 20 anos, ao voltar do trabalho, encontra seu pai morto. Fica sozinho. Suas recordações nos fazem avaliar o caminho difícil que teve que percorrer.

"Se penso na minha vida, posso dizer que uma inesquecível experiência de perigo e de medo é certamente a da guerra. Eu não tinha 20 anos quando, sobre a Europa e sobre o mundo desencadeou-se a tempestade da Segunda Guerra Mundial, semeada de medo, dos bombardeios, das deportações, das represálias. Infelizmente eu sei o que significa ter medo." Graças a Deus o jovem Karol deu a volta por cima. "Desde aquela época o mistério do homem assumiu o primeiro lugar nas minhas reflexões e me senti impelido irresistivelmente a defender o respeito ao homem sustentado nessa ação pelo mistério de Cristo, ele que é nosso Deus, mas também nosso irmão para salvar-nos."

Neste livro, o autor Andreas Englisch oferece ao papa mais uma oportunidade de gritar a todos nós: "Não tenhais medo!" Com o *O Papa dos Milagres – João Paulo II* ganhamos um presente. E merecemos. Nosso povo teve sempre um carinho muito grande pelo papa e o recebeu com muito amor e festa, em suas três visitas feitas a nossa terra. Ele será sempre o nosso "João de Deus" e seremos sempre os filhos que pedirão continuamente: "A bênção, João de Deus, nosso povo te abraça".

Lá do céu, agora beato, João Paulo II deve estar feliz sabendo que este seu povo, a quem ele deu tantas provas de carinho quando por aqui esteve, identificando-se conosco, intitulando-se carioca e gaúcho, tem neste livro uma oportunidade de receber mais uma vez sua visita, de conhecê-lo melhor, de admirá-lo mais, e o que é melhor ainda: tê-lo como modelo e como poderoso intercessor junto a Deus.

Ao ler este livro, quem sabe, você terá a mesma oportunidade que teve seu autor, de dizer: "Ele fez muito bem a minha vida, tão insignificante. Ele tirou uma grande parte do meu medo". Neste livro, Andreas Englisch, que por mais de 20 anos conviveu, como jornalista, com o papa, vai desvendando, em um diálogo simpático, por vezes até brincalhão, e não deixando faltar suspense, os assim chamados "milagres do papa". O próprio autor considera-se um milagre de João Paulo II.

Ler este livro é passear com Andreas Englisch, e neste passeio parar de vez em quando para, no seu álbum de recordações, conhecer talvez uma nova face e as facetas do papa polonês: "Ele nunca foi uma majestade, nunca quis ser. Wojtyla era gente, não uma figura, não era uma máscara. Era uma pessoa que carregou por toda a vida o destino de amar as pessoas. Todas as pessoas. Era um homem livre. Livre no mais profundo do seu coração. Ele não tinha medo de que o mundo risse dele por ser um homem de fé. Ele ia em frente, sem deixar que o proibissem de mostrar que amava todas as pessoas deste mundo".

Um tanto cético no começo de sua carreira jornalística, a respeito do Papa, Andreas vai se convencendo, à medida que vai conhecendo que Karol Wojtyla "é na verdade um homem de Deus e tinha um jeito de tratar diretamente com Ele". Aos poucos, Andreas vai descobrindo a riqueza desse homem e partilha conosco os diamantes, o ouro, as pedras preciosas do tesouro que vai desenterrando.

O papa "era um homem em quem se podia confiar plenamente, um lutador que mostra o bem que a religião pode fazer, que os papas podem fazer muito mais do que se deixar levar numa cadeira pela basílica de São Pedro. Que eles podem fazer a paz sem exército algum. Esse homem que nada possuía a não ser suas mãos vazias e sua fé, era capaz de mudar o mundo para melhor".

Ao mesmo tempo que nos desvenda os mistérios dos milagres atribuídos a João Paulo II em vida, Andreas nos faz ver claramente que o Papa mesmo era um milagre. Como explicar a atração que esse homem, em nosso tempo tão moderno, exercia sobre a juventude atraindo milhões e milhões de jovens mesmo que a mensagem que lhes passava tinha mais de dois mil anos?

João Paulo II era movido a amor, o amor de Deus que o abrasava, como em Pentecostes abrasou aqueles que ele sucedeu. Ao ler *O Papa dos Milagres* pude mergulhar no mar das mais doces recordações que tenho desse homem. Deus me concedeu a graça de tê-lo encontrado algumas vezes. Andreas Englisch narra de maneira encantadora seu encontro com o Papa em sua capela privada durante uma missa. Também eu tive essa graça: concelebrar com ele, um mês antes do atentado, em sua capela, na companhia de seus dois secretários, padre John Magee, hoje bispo na Irlanda, e com o padre Estanislau Dziwisz, hoje cardeal na Cracóvia. Durante a oração Eucarística, João Paulo II me convidou para estar ao seu lado no altar, enquanto seus secretários concelebravam juntos aos bancos laterais. No momento da paz, senti seu calor e carinho de pai num abraço forte e afetuoso. Não esquecerei jamais sua prolongada ação de graças. O papa sentou em sua cátedra, esticou bem as pernas e abriu os braços repousando-os sobre os da cátedra. Parecia um crucificado. De repente, ouço gemidos. O papa, de olhos fechados, gemia. Gemia mesmo, como quem sente uma dor profunda. Olhando aquela figura, eu via Cristo crucificado. Parecia-me que, naquela hora, o papa carregava todas as dores do mundo e pedia por todos os sofredores. Fundiam-se ali o Pontífice e a Ponte. O Alter Christus e o Cristo.

Após a missa, padre John Magee levou-me a uma grande sala dizendo: o Papa vem falar com você. Mais uns minutos e lá vem ele, sorrindo e abrindo os braços. Lembrei-me de que quando ele foi eleito em 1978, fiz um canto em sua homenagem. Naquele momento eu vivia na carne o que no canto imaginei:

"Quando teus braços se estendem abraçando,
O nosso mundo, um mundo em busca de alegria,
Tenho a impressão que na brancura desse abraço,
O mundo todo é abraçado por Maria".

Comecei a falar com ele em alemão. Por ter estudado na Alemanha, eu me sentia mais em casa nessa língua. Imediatamente ele me perguntou:

– Você é de origem alemã?

– Não, Santo Padre, meus pais são portugueses.

Sorrindo mais ainda e batendo no meu ombro disse, já no nosso idioma:

– Então, vamos falar português!

Ofereci ao Papa uma gravação que eu fizera de umas composições minhas inspiradas em sua encíclica "Rico em misericórdia". Contei-lhe que eu usava o canto para evangelizar. E o papa olhou-me fixando bem os meus olhos. Segurou minha mão e a fita cassete e, sorrindo novamente, agora já sacudindo minha mão, disse:

– Canta! Canta! Canta!

Um dia, em Roma, pude cantar para ele na grande sala de audiências Paulo VI, quando tive a graça de participar da celebração do centenário do nascimento do padre José Kentenich, fundador do movimento Schoenstatt. Neste seu livro, Andreas Englisch mostra também o lado bem-

-humorado desse papa tão humano. A leitura deste livro me fez recordar de um momento cheio de humor num outro encontro que tive com o papa.

Alguns bispos do Brasil faziam sua visita *Ad limina* em Roma. Pude acompanhar Dom Cândido Lorenzo González, na época bispo da Diocese de São Raimundo Nonato, Piauí. Num gesto de bondade, Dom Cândido me levara como se eu fosse seu secretário. Na hora da foto oficial, Dom Cândido se colocou à esquerda do papa e eu à direita. Um prelado da Cúria Romana responsável pelo cerimonial pediu ao bispo antes que Arturo Mari, fotógrafo oficial do papa, clicasse em sua máquina fotográfica, que viesse para direita. A direita é sempre o lugar de maior honra. Era o lugar do bispo, não o meu. Dom Cândido não se importou com a exigência do prelado que insistia:

– *A destra eccellenza!* À direita excelência!

Nesse momento eu achei que devia intervir. Pegando no braço de Dom Cândido trouxe-o para meu lugar e, passando por trás do papa, fui para o que a mim convinha na escala das honrarias. O papa pega meu braço, puxando para junto dele e diz em bom português, rindo muito:

– Agora você é da esquerda, esquerdista.

No ano 2000, jubileu do nascimento de Cristo, pude pela última vez encontrar-me com João Paulo II. Emocionava vê-lo marcado pela idade e pela doença. Ajoelhado diante dele, carregando na minha mão esquerda a imagem da Mãe Peregrina e na direita uma pequena coroa, pedi ao papa que coroasse comigo naquele ano santo o Menino Jesus. Piedosamente, o papa abençoou a coroa. No momento em que eu ia colocar a coroa no lugar anteriormente preparado, na parte superior da moldura de madeira, o papa toma de minha mão a coroa, olha para a imagem, enclina-se um pouco e, por alguns segundos, segura a coroa sobre a cabeça do Menino Deus. Devolveu-me a coroa sem dizer nada, mas entendi tudo: a coroa devia ficar sobre a cabeça do menino, e assim o fiz mais tarde.

O livro *O Papa dos Milagres* para mim é uma confirmação do que sempre acreditei a respeito de João Paulo II. Sempre o vi como um profeta, um homem de Deus, um santo forjado na escola de Maria. Seu lema *Totus Tuus*[*] não foi apenas uma frase bela e piedosa. Foi vivido em sua vida. Talvez tenha sido o papa mais mariano. Seu testemunho atesta positivamente o que os bispos da América Latina e do Caribe, com ele, em Puebla, México disseram: "Sem Maria o Evangelho se desencarna, se desfigura, e se transforma em ideologia, em racionalismo espiritualista".

Quem esquecerá sua última aparição na janela de seus aposentos? Esforça-se para falar, mas não lhe sai a voz. Com um último esforço, então, lança o sinal da cruz sobre a multidão reunida na praça e abençoa a todos. Retira-se, mais curvado ainda, como que pedindo desculpas por não poder falar aos seus amados filhos. Mas não se entrega. Precisa deixar sua última mensagem. É seu secretário particular por quase 40 anos que nos conta:

– Ao deixar a janela, escreve em um papel pela última vez: *Totus Tuus*[**].

Andreas Englisch recorda-nos neste livro uma frase de Joaquín Navarro-Valls, na época porta-voz do Vaticano:

---

[*] Totus Tuus = "Todo teu".

[**] Esse último Totus Tuus foi escrito a Maria, a Jesus e a todos nós. Expressando que o papa tinha dado tudo o que poderia ser dado.

"O papa escreveu quatorze encíclicas, e uma, a mais importante e última, ele não escreveu, viveu-a. Seu sofrimento se tornou parte de sua mensagem."

Termino aqui estas linhas que, por bondade da Editora Universo dos Livros, recebeu solene título de prefácio. Agora sim é a vez de Andreas Englisch.

Deus permita que ao ler este livro você escute o grito de João Paulo II: Não tenhais medo! Abri, escancarai a porta do vosso coração a Cristo.

Pe. Antonio Maria
29 de Agosto de 2011
Festa do Martírio de São João Batista

ASSESSORIA DE IMPRENSA DA SANTA SÉ NO VATICANO. ENCONTRO COM O PORTA-VOZ DO PAPA, JOAQUÍN NAVARRO-VALLS. FEVEREIRO DE 1999.

Joaquín me puxou para o lado. "Andreas, aquilo que você viu, aquilo que algumas pessoas consideram, digamos, "sobrenatural", aquilo que deve ter ocorrido perto de João Paulo II, o papa não quer que se fale ou escreva a respeito."

"Eu compreendo", garanti a ele, "da minha parte não sairá nenhuma palavra enquanto ele estiver vivo, e mesmo alguns anos depois. Eu prometo."

Eu mantive essa promessa. Até agora.

SUMÁRIO

E ELE TRANSFORMOU O MUNDO

Praça de São Pedro, Vaticano, sexta-feira, 8 de abril de 2005. O caixão de cipreste do papa João Paulo II estava exatamente ali, onde Karol Wojtyla tinha falado durante mais de duas décadas para milhões de pessoas. O chefe de cerimônias Piero Marini estava sentado numa cadeira ao lado do caixão, como se o morto ainda pudesse fazer um último pedido, solicitar que arrumasse a casula, segurasse o microfone ou lhe desse um copo de água porque sua voz ameaçava falhar. Nesse dia, diante dos olhos do mundo, o bispo Piero Marini abriu mão de auxiliar o decano dos cardeais, o cardeal Joseph Ratzinger, no funeral de Karol Wojtyla. Ele deixou essa honrosa tarefa para o substituto, Enrico Vigano. Ele mesmo estava sentado ali, ao lado do caixão, e o fato de manter os olhos no falecido papa deve ter sido um reflexo, do mesmo jeito que fazia quando estava vivo.

Durante dezoito anos, Piero Marini alisou cada dobra dos muitos metros de tapete vermelho antes que João Paulo II chegasse ao local da missa. Calculou cada degrau de escada, pensando se poderia ser um obstáculo intransponível para um papa que dava até o último das forças que lhe restavam. De vez em quando, o bispo Piero Marini olhava para o caixão do "maratonista de Deus", do "padre apressado", como se quisesse ter certeza de que o vento gelado daquela manhã na Praça de São Pedro não fazia mal a Karol Wojtyla. Marini estava sentado ao lado dele, do mesmo jeito que no ano de 1987, em Miami, quando uma tempestade tropical, um furacão que logo depois arrancou os telhados, se dirigiu rapidamente à missa papal. Naquela época, Piero Marini precisou convencer o papa a interromper a missa. Eles ainda conseguiram alcançar o abrigo a tempo, antes que o furacão devastasse a praça da missa. Ele também estava presente, sempre pronto a segurá-lo, quando um terrorista quase derrubou o enfraquecido papa em Baku, no Azerbaijão, em 2002. Ele estava ao lado dele em milhares de missas e agora ainda estava ao seu lado, como se não fosse o fim, como se a vida de Karol Wojtyla ainda não tivesse terminado.

Não foi somente ele que se sentiu assim naquele dia; muitos simplesmente não conseguiam compreender que o longo caminho de Karol Wojtyla tinha realmente acabado. Eu também não. Desde o surgimento de sua grave doença, da operação nos quadris, da doença de Parkinson, sempre se profetizou o fim próximo de João Paulo II, mas ele simplesmente continuava ali. A mídia sempre previa que a próxima viagem seria sua última, mas ele continuava andando. Em caso de necessidade, ele podia pegar uma cadeira de rodas, ser carregado, usar um elevador para transportá-lo até o avião, como se fosse um pacote. Nada disso o parou.

Mesmo quando a situação parecia sem esperanças, como quando se descobriu um tumor no intestino, Karol Wojtyla voltou a ficar de pé. Mas agora era o fim, de fato. Eu estava sentado na tribuna da imprensa enquanto o mundo se despedia de Karol Wojtyla. Nunca antes tantos chefes de Estado, reis e presidentes vieram ao enterro de um homem e esse homem era o filho de um pobre soldado polonês aposentado, do vilarejo de Wadowice, perto de Cracóvia. Nenhuma rainha inglesa, nenhum presidente americano e nenhum ditador soviético atraiu tantas pessoas que quisessem prestar uma última homenagem.

Naquela ocasião, eu estava sentado na Praça de São Pedro com um amigo, Francesco, mais urso do que gente. Ele costuma usar calças pretas com uma porção de bolsos e uma jaqueta que poderia ter sido feita para um paraquedista. Ele é fotógrafo, carrega com ele 40 quilos de equipamento e tem por hábito fazer de tudo pela melhor foto. Ele é tão grande que, quando se vira com a mochila nas costas, no meio da apertada multidão de outros fotógrafos diante de seu objeto, na maioria das vezes o papa, as outras pessoas ao redor dele caem. Um dia, passamos por uma situação de quase queda, dentro de um helicóptero que acompanhava o papa. Desde então nos encontramos em Roma e sempre bebemos à vida.

De repente, apareceu na Praça de São Pedro um cartaz que dizia "Santo subito!", o que significa alguma coisa próxima de "Santifiquem-no imediatamente!" Eu apontei para o cartaz e disse a Francesco: "Agora, ele conseguiu mais essa ainda. Além de tudo, querem santificá-lo". Se esse dia não fosse tão triste, nós dois teríamos caído na gargalhada, caso tivéssemos conseguido eliminar dos nossos olhos as lágrimas de luto. Fazer de Wojtyla um santo – isto parecia ser a melhor piada do Vaticano. Logo Karol Wojtyla!

"Você ainda se lembra?", perguntou Francesco, "quando em todos esses anos voávamos de volta, depois das longas viagens com ele, exaustos e cansados, apesar de termos trabalhado bem menos do que ele, sempre cantávamos *Take off the cross, Boss, it's over* (Tire a cruz, chefe, acabou o expediente)."

"Sim, me lembro", disse eu. "Nós bebíamos e fumávamos no avião de Sua Santidade e, às vezes, ele pegava o microfone e dizia de brincadeira algo como: agora já chega, aí atrás."

A REVOLUÇÃO DE KAROL WOJTYLA

Cada um que ficou sabendo alguma coisa da briga ininterrupta de Karol Wojtyla com o governo da Igreja, a cúria romana, sabe que a cúria tinha reclamado amargamente durante décadas, dizendo que o papa simplesmente não era santo o bastante. Até a eleição de Karol Wojtyla, no ano de 1978, para o Vaticano o papa era um ser superior, perfeito, como um elfo, mais espírito do que ser humano, uma criatura do éter, quase incorpórea, que muito raramente se mostrava diante dos homens e se mantinha numa perfeição majestosa, como um anjo sem corpo. Comparado com essa ideia, o papa Karol Wojtyla parecia um jogador de rúgbi num campo lamacento, que levava os cardeais da cúria a arrancarem os cabelos. Houve choque desde o primeiro momento.

Após a eleição papal, como era costume, o novo papa recebia os cardeais. Nessa recepção, o papa ficava sentado e os cardeais se ajoelhavam diante dele; mas o homem do vilarejo de Wadowice não queria de jeito algum seguir essa regra, com a justificativa de que os cardeais eram seus irmãos. Ele os obrigou a se levantarem e abraçarem-no, ao invés de se ajoelharem diante dele(ver imagem na página 133). Imediatamente depois houve novo choque, ainda nos primeiros dias. Dessa vez por causa do trono portátil, a *sedia gestatoria.* Há quase 1.500 anos, todos os papas o utilizaram, inclusive seu predecessor, o papa João Paulo I. Porém, o papa João Paulo II eliminou a velha mobília, apesar da enorme pressão da cúria. Ao invés de ser carregado entre os peregrinos, ele ia até eles, falava com eles, os benzia e abraçava. Isso nunca tinha acontecido. E então, naquele lendário voo sobre o Japão, o papa João Paulo II passou por todos os convidados e jornalistas, cumprimentando-os simpaticamente, para ir ao banheiro. A partir desse dia, o lavatório na parte dianteira do avião foi reservado para o papa. Um pontífice que vai ao banheiro diante dos olhos de todos era um completo horror para grande parte dos cardeais.

Para entender isso, basta ver os carros do papa Pio XI. Nos veículos havia uma placa giratória. Girando a placa, o papa podia dizer ao motorista para onde deveria ir: para a esquerda, a direita, parar, estacionar. Numa parte da placa estava escrito "casa", então o motorista sabia que precisava levar o papa para casa. Esse mecanismo complicado existia exclusivamente para impedir que o papa falasse com seu motorista, e também era inconcebível, igualmente, que o motorista dirigisse a palavra ao papa.

UM HOMEM LIVRE NO FUNDO DO CORAÇÃO

O comportamento de Karol Wojtyla como papa não foi um desenvolvimento do papado, não foi uma nova etapa, foi uma revolução tempestuosa. Um papa para "ser tocado", um pontífice que mostrava ser um humano como você e eu, isso nunca existiu. Uma vez, durante sua estadia em

Castel Gandolfo, os digníssimos esperavam na chamada Sala dos Suíços pelo papa João Paulo II. Enquanto isso, Karol Wojtyla andava pelo parque e viu um garoto, filho de um jardineiro, brincando com uma bola. Seus secretários lhe acenavam e tentavam lhe dizer com linguagem corporal: "Santidade, venha, o senhor está sendo aguardado". O papa balançou decididamente a cabeça, ele queria dizer: "Sinto muito, agora não tenho tempo, preciso jogar futebol". E ele jogou com o garoto apenas por uns instantes, mas tempo suficiente para mostrar que a criança era mais importante que qualquer compromisso. O fotógrafo do papa, Arturo Mari, fez lindíssimas fotos disso (ver imagem na página 129).

Um Santo Padre não fazia algo assim de jeito algum quando os altos senhores se apresentavam no Vaticano, e também nunca tinha feito. O pesadelo para os cardeais da cúria veio quando um intruso conseguiu fotografar o papa em traje de banho na sua piscina. Na ocasião houve muita agitação no Vaticano, mas Karol Wojtyla disse muito tranquilo: "Estou curioso para ver qual jornal imprimirá isso". Foram inúmeras as transgressões de Karol Wojtyla contra tudo aquilo que se imaginava no Vaticano por um papa impecável. No dia 14 de maio de 1999, ele beijou o Alcorão, o que deixou os cardeais da cúria arrepiados, e ele não tinha nada contra que os filhos dos empregados em Castel Gandolfo brincassem de esconde-esconde em seu manto (ver imagem na página 131). Karol Wojtyla era inteiramente humano, e o que o distinguia era que podia amar.

Eu me lembro do voo para o Rio de Janeiro em outubro de 1997. Alguns dias antes o papa participou de um dia da juventude em Bologna em que também se apresentou o cantor americano Bob Dylan, e ele cantou junto. Nessa manhã, no avião papal, ele disse: "Hoje eu quero fazer as perguntas". Nós o olhamos perturbados. Será que da última vez lhe fizemos alguma pergunta de que ele não gostou? Mas ele continuou: "Eu também cantei em Bologna". "Todos nós escutamos isso", confirmamos, e ele indagou: "Agora quero saber o que vocês acharam". Todos riram; depois, o já falecido amigo e colega Orazio Petrosillo disse: "Não sabíamos que o senhor sabia cantar tão bem canções pop".

*

O pior para a cúria em todos aqueles anos foi uma decisão de princípio de Karol Wojtyla: ele assumia altos riscos. Um papa, que deveria ser um ser perfeito, não cometia erros; mas para não cometer erros, naturalmente era necessário evitar o risco de cometer um erro. Antes de várias dúzias de viagens papais, sempre havia a mesma discussão na cúria: essa viagem do papa poderia ter consequências ruins? Seria instrumentalizada? Será que realmente não havia perigo de ser o primeiro papa da história a visitar uma sinagoga, o primeiro numa Igreja evangélica, o primeiro a rezar numa mesquita, ou isso também poderia trazer problemas? Será que não era perigoso, e até ofensivo, se um papa, como ocorreu na quarta-feira de cinzas do ano 2000, pedisse perdão pelo que a Igreja católica fez aos homens? Não era arriscado confessar o antigo ódio dos cristãos em relação aos judeus no Muro das Lamentações, em Jerusalém, e jurar que nunca mais se poderia usar de violência contra os judeus em nome da Igreja? Será que todas essas decisões não poderiam arranhar a imagem do Santo Padre? Karol Wojtyla sempre retrucou: "Cada uma de minhas viagens será instrumentalizada", dizia ele, "eu aceito o risco".

D. Stanislaw Dziwisz, durante anos secretário do papa João Paulo II e mais tarde arcebispo e cardeal de Cracóvia, dizia sobre ele quando havia confusão: "Karol Wojtyla é um homem livre, um homem livre no fundo do coração". Karol Wojtyla não tinha medo da cúria nem que o mundo risse dele por sua fé e o insultasse como alguém que vive eternamente no passado. Ele simplesmente continuava e nunca se deixava proibir de mostrar que amava todas as pessoas deste mundo.

Quando João Paulo II morreu, Joaquín Navarro-Valls, o porta-voz de Karol Wojtyla por muito tempo, disse a nós que trabalhávamos no séquito do papa que nos levaria ao seu velório. Uma colega judia, que durante muito tempo trabalhou para uma emissora de TV dos Estados Unidos, me ligou naquele dia: "Eles nos levarão até ele, você também vai? Eu não consigo ir para lá sozinha".

Fomos juntos e nos segurávamos pela mão. Nós dois choramos. "Mas você é judia". "Sim", soluçava ela, "mas esse Karol Wojtyla era único e realmente um homem de Deus". Ela secava suas lágrimas: "O que será que ele fez conosco?", e depois ela mesma deu a resposta: "Eu acho que ele nos transformou" – e hoje eu sei que ela tinha razão.

Na ocasião eu lhe disse: "Na praça, parecia que o queriam tornar santo".

Ela respondeu com um sorriso: "Então agora ele precisa penitenciar-se por Tucci". Também eu precisei sorrir.

INSTRUMENTO DE DEUS

Roberto Tucci, chefe da rádio do Vaticano e durante anos seu chefe de viagens, era um padre jesuíta de Nápoles. Um homem no séquito papal que se parecia com Karol

Wojtyla, profundamente humilde, raramente aceitava gratidão, um homem que trabalhava duro e era duro na queda. No séquito do papa era ele que fazia o trabalho mais difícil de preparação. Quando tudo corria bem, ninguém se lembrava de Tucci, mas, quando algo dava errado, a culpa era de Tucci. Isso era bom para o jesuíta, ele não queria só elogio. Roberto Tucci sempre vinha para nós, jornalistas, quando terminava seu trabalho, quando nada mais poderia dar errado, quando Karol Wojtyla finalmente chegava ao altar, quando as massas o festejavam e começava a missa. Quando não havia mais nada para organizar, nada mais para arrumar no último segundo, quando realmente tudo estava pronto para a cerimônia papal na África ou na América, ou sabe-se lá onde, então Roberto Tucci se sentava conosco e fumava cigarros "Belga". Durante toda sua vida estava nos bastidores, e era exatamente isso que ele queria: ele deixava o brilho inteiramente para o papa. Quando Karol Wojtyla lhe conferiu a honra de cardeal, ele relutou com mãos e pés. Ele não queria nenhuma condecoração, ele fizera seu trabalho para Deus. Bastava. Nisso Roberto Tucci e o papa João Paulo II se pareciam muito. Ambos não queriam de jeito algum que as pessoas se levantassem para posarem como personalidade. Karol Wojtyla nunca se cansou de acentuar que ele era um simples instrumento de Deus. Condecorações pessoais lhe eram contrárias. Na encíclica "Ut unum sint", o papa João Paulo II escreveu que ele mesmo não deveria ser tão importante, o papa não poderia ser um obstáculo para a unidade dos cristãos, e Roberto Tucci não queria ser um príncipe da Igreja, ele sempre fora um simples trabalhador, como o próprio Karol Wojtyla (ver imagem na página 134). Ainda assim o papa lhe concedeu a honra de cardeal no dia 21 de fevereiro de 2001 – e criou o raro caso individual em que um simples padre se tornou diretamente cardeal. Com isso, Roberto Tucci se tornou o único cardeal no mandato de Karol Wojtyla que não tinha sido condecorado anteriormente bispo.

E no verão de 2005 começou o processo para a beatificação de João Paulo II.

*

No outono de 1987, eu vi o papa pela primeira vez com meus próprios olhos. Eu prometera para minha mãe trazer-lhe um buquê de rosas benzido pelo papa, e assim fui pela primeira vez com a Vespa para a grande "sala de audiência papa Paulo VI". O papa João Paulo II ainda tinha o passo leve de um homem acostumado a percorrer longas distâncias a pé. Assim que ele entrou na sala, começou uma tempestade: "John Paul Two, we love you", gritavam as massas, ele pegava o microfone e respondia "John Paul Two loves you", então todos aplaudiam. Quando chegou o momento da bênção, um porta-voz dizia que agora se podia desembrulhar os buquês de rosas e todos os outros objetos que os fiéis na sala queriam que o papa benzesse. Na ocasião, eu pensei: "Que besteira! Se eu deixar o buquê de rosas no bolso, não será benzido também?" Após a audiência, eu vi como Karol Wojtyla atravessava as fileiras, não tinha fim, ele apertava centenas de mãos. Ele ficava incomodado quando as pessoas se ajoelhavam diante dele, ele as levantava, cada um de seus gestos dizia: "Eu não sou nada de especial". Esse papa era totalmente diferente do que eu imaginava. Sobre a cama da minha avó, até sua morte, ficava a imagem do papa Pio XII: ele estava sentado, petrificado, e benzia alguma coisa que não dava para ver. Parecia uma estátua e aquele papa não tinha nenhuma semelhança com este homem que eu via ali andando pela sala. Grupos de pessoas o circundavam, e ele parecia não se incomodar, ele continuava, apertava as mãos, benzia. Ele me pareceu um simples padre de paróquia que mais parecia estar envergonhado por ter se tornado papa. Nada nele parecia indicar que um dia Karol Wojtyla seria venerado como um papa muito especial, como um santo. Estávamos no ano de 1987, ainda existia o Muro de Berlim, o sindicato polonês Solidarnosc ainda não tinha detido o regime, nem se previa que os dias dos poderosos do império soviético estavam contados.

Os romanos acharam até curioso que justo um papa polonês governasse o Vaticano, naquela época não se podia falar de uma veneração especial. Ao contrário, durante minhas primeiras e tímidas conversas no Vaticano me deparei com muito rancor quando o tema era o papa. A maioria dos bispos e monsenhores estava irritada com ele, porque sempre estava viajando. Nas primeiras semanas, eu sempre escutava o mesmo argumento: Paulo era o apóstolo que precisava viajar para os povos, porém Pedro, o papa, deveria ficar em Roma. Mas aparentemente a crítica de seus cardeais era indiferente para Karol Wojtyla. Entretanto, o clero estava irritado com ele, sobretudo por causa de sua hegemonia, e reclamava de falta de colegialidade. O papa decidia tudo. Karol Wojtyla elevou-se à estrela da mídia, um favorito da televisão, os bispos se sentiam acuados. Principalmente na secretaria de Estado, os colaboradores revelavam com cautela o quanto o papa os irritava, pois eles se viam impotentes. Com todo esmero, eles redigiam relatórios muito detalhados sobre a situação em qualquer Estado e preparavam negociações para tratar com o respectivo chefe de Estado. Tudo fazia sentido se o papa permanecesse sempre em

Roma. Mas Karol Wojtyla voava, mais cedo ou mais tarde, para um dos Estados que sua secretaria de Estado somente conhecia por meio de correspondência, falava diretamente com o chefe de Estado, negociava pessoalmente o que havia para negociar, e as pilhas de pastas de documentos na secretaria tornavam-se completamente supérfluas.

Portanto, com a melhor das vontades, não pude comprovar que Karol Wojtyla fosse extremamente amado e venerado no Vaticano. Eu, pessoalmente, me senti confirmado em tudo o que havia cunhado minha imagem de um papa: Karol Wojtyla me parecia um religioso extremamente conservador, com sede de poder, que queria obrigar as pessoas a viverem de acordo com suas ideias. Do meu ponto de vista, sua exigência de castidade antes do casamento era tão sem sentido quanto sua condenação à homossexualidade. Quando criança, fui um garoto devoto e ávido acólito, mas como jovem repórter e, após cinco anos como estudante em Hamburgo, eu o acusava de tudo aquilo de que as pessoas jovens acusavam a Igreja católica naquela época: uma aversão de princípio ao corpo, uma postura alheia ao mundo que, pela proibição de preservativos, mais aumentava do que diminuía a miséria do mundo. Eu tomava o papa por um amargurado apóstolo da moral que não tomava conhecimento do desenvolvimento da sociedade e queria retornar à Idade Média. Comecei com essa imagem.

Tornou-se uma parte de meu trabalho seguir esse homem. Eu pensei que seria por um curto espaço de tempo – na verdade, eu planejava ficar apenas alguns meses na Itália. Eu andava atrás dele, falava com pessoas que o viram quando se afastou do Vaticano para ir andar de esqui. Muitos deles ainda se perguntavam, décadas mais tarde, se realmente teriam visto o papa descer com eles para o vale numa pista de esqui superlotada. O papa sempre se recusou a mandar fechar as pistas (ver imagem na página 132). Será que um homem velho, amargurado e inimigo do corpo agiria assim? Eu falei com Francesco Cossiga, que durante anos foi ministro do interior, e que reclamava amargamente que esse Karol Wojtyla ia passear à noite em Roma, sem guarda-costas, porque queria ver sua cidade e sua diocese. Várias vezes foi descoberto por rondas policiais que perguntavam ao ministro do interior o que deveriam fazer. Ele lhes ordenava ficarem de olho, mas a deixá-lo em paz. Um homem extremamente conservador se comportaria assim? Eu vi a enorme carga de trabalho que ele realizava: trabalhava sete dias por semana, parecia incansável. Em Roma, eu ia para as paróquias que ele visitava, portanto, comecei a vê-lo frequentemente. Em algum momento nessa época, eu estava pronto a reconhecer que Karol Wojtyla realmente se dedicava por aquilo em que acreditava.

*

Depois caiu o Muro de Berlim e fui a muitas viagens com Karol Wojtyla, nos anos de 1990. Ele atravessou o calor da África, as estepes da Ásia, as favelas da América Latina, e eu tentei acompanhar o homem que podia trabalhar vinte horas por dia, que parecia nunca descansar, que sempre estava acordado há tempo e rezava quando eu, quarenta anos mais jovem, me forçava a levantar e engolir café suficiente para aguentar os infinitos dias de viagem de Karol Wojtyla. Ele, ao contrário, saía de manhã bem cedo da cama, mesmo nas férias, porque gostava de ver o nascer do sol. Ele encostava seu rosto no vidro para assistir ao espetáculo diário do nascer do sol. A trupe da limpeza descobriu isso em sua residência de verão em Castel Gandolfo, porque encontrou a marca de seu rosto nos vidros na grande Sala dos Suíços.

A PROMESSA

Sendo honesto, nessa época se tornou cada vez mais difícil para mim não acreditar em Deus. Diante dos meus olhos, esse Karol Wojtyla transformou o mundo para melhor. Eu também vi isso nos olhos das pessoas em todo lugar do mundo. Sendo que ele apenas dispunha de duas mãos vazias e de sua fé. Karol Wojtyla não permitia a menor dúvida de que aquilo que acontecia ao redor dele não era obra sua, senão obra de Deus. Eu ainda escuto o que ele me disse em 1999, no aniversário da queda do muro, a caminho da Geórgia: "Foi a mão de Deus que levou à queda do Muro de Berlim". Como um homem de mãos vazias poderia ter transformado o mundo tão fortemente como ele transformou? Teria ele razão, agiria Deus através desse homem? Será que eu apenas imaginava esse sentimento forte de calor perto dele, que tantos sentiam? "Que sentimento é esse?", perguntei a meu amigo D. Jaroslaw Cielecki, um padre do séquito papal. Ele respondeu com toda convicção: "Isso que você sente pode ser explicado de maneira muito simples. O papa te ama, ele ama todas as pessoas, mesmo aquelas indiferentes a ele, e também aquelas que não o suportam".

Quanto mais tempo eu ficava perto de Karol Wojtyla, mais me perguntava se realmente acontecia algo extraordinário no entorno desse homem, algo sobrenatural, ou se eu somente fantasiava esse sentimento incomum. Sempre que o encontrava, surgia em mim um pensamento, um desejo: "Deus te abençoe, velho homem", mas eu não sabia por quê. No início do meu período no Vaticano, eu me irritava muito comigo mesmo, gritava internamente: "Deixe de besteira! Você nem acredita em Deus! O que deve haver de tão especial nesse Karol Wojtyla?" Durante muito tempo eu tomava os relatos sobre os estranhos acontecimentos em sua proximidade por completa baboseira – mesmo encontrando cada vez mais pessoas que acreditavam piamente que ao redor desse papa aconteciam coisas estranhas, milagrosas. Para mim, como jornalista e autor, isso naturalmente era muito interessante. Pode um homem realizar milagres em vida? Quando apareciam casos de pessoas afirmando que foram libertadas de doenças incuráveis de modo inexplicável através de Karol Wojtyla, quando havia testemunha para isso, eu seguia os casos, colecionava fatos. Mas um dia o então porta-voz do papa, Joaquín Navarro-Valls me puxou para o lado. Ele me olhou muito sério e disse enfim: "Ele não gosta disso".

"O que você quer dizer?", perguntei.

"Ele não gosta que você siga esses incidentes. Ele não quer isso de jeito algum. Se há milagre, então é Deus quem o realiza, e se algo assim ocorre ao seu redor, então permanece segredo, ok? O papa não quer que ninguém fale sobre esses temas, ou seja, sobre aquilo que às vezes acontece à sua volta".

"Ok, mas eu já pesquisei uma dúzia de casos que, falando delicadamente, são incomuns."

"Por favor, guarde para você enquanto ele estiver vivo. Ele não quer ser tomado como figura excepcional, ele diz que simplesmente é um pecador. Portanto, não escreva a respeito do que você viu enquanto ele estiver vivo."

"Prometido", disse eu na época, e mantive minha palavra.

*

Mas a Igreja decidiu beatificar Karol Wojtyla. E agora chegou o tempo de contar o caminho que eu mesmo percorri e o que descobri nas diversas etapas. Dediquei mais de 15 anos para escrever sobre Karol Wojtyla: escrevi sobre o papa João Paulo II, sobre a figura histórica, sobre as ideias políticas desse homem da Polônia, mas nunca sobre aquilo que mais me fascinava: agiria Deus através desse homem? Poderia esse Deus inexplicável ser sentido em sua presença? Eu me perguntei isso durante muitos anos, e aquilo que encontrei às vezes me arrepia e me assusta, porque eu não podia mais escapar de me perguntar: "Então Deus realmente existe?"

DEUS DESVIA BALAS?

Roma, 12 de maio de 1981. O procurado terrorista turco Mehmet Ali Agca desembarca no aeroporto Fiumicino, de Roma. Ele chega de Palma de Mallorca e sua viagem fornecerá enigmas para toda uma geração de investigadores na Itália. Agca visitou a ilha espanhola, apesar da Interpol procurá-lo pelo assassinato do jornalista Abdi Ipekci, redator chefe do jornal *Milliyet*. Agca foi condenado pelo assassinato, mas no dia 25 de novembro de 1979 conseguiu fugir da prisão de segurança máxima Kartal Maltepe. Até hoje não está claro como. Mehmet Ali Agca possuía um passaporte não muito bem falsificado com o nome de Faruk Ozgün, ainda assim ele arriscou a viagem para a fresca Mallorca – e com isso se expôs a quatro controles de passaporte. A promotoria pública se perguntará durante décadas o que ele fez ali. Se quisesse ir passear na praia, ele poderia ter feito isso também na Itália; em maio ainda estava muito frio para nadar nas baías de

Mallorca. Provavelmente, a promotoria pública supõe que ele voou para Mallorca para encontrar seu mandante, que lhe ordenou atirar no papa João Paulo II na Praça de São Pedro um dia após seu retorno à Itália, no dia 13 de maio de 1981. Mas, se Agca realmente encontrou seu mandante, por que em Mallorca, por que não na Itália, já que isso teria impedido que Agca se expusesse a tão grande perigo imediatamente antes do atentado, que fosse reconhecido e preso? Será que o mandante escolheu Mallorca porque o encontro ocorreu em um iate, longe do porto, para que o mandante não fosse visto? Até hoje perguntas não respondidas, relações não esclarecidas.

O CRIME PERFEITO

Mesmo cumprindo pena há décadas, Mehmet Ali Agca nunca revelou quem lhe deu a missão do assassinato e quem lhe forneceu várias centenas de milhares de dólares, financiando durante anos sua vida antes do atentado na Itália; quem lhe conseguiu a arma e quem lhe deu ordem para se hospedar no dia 12 de maio de 1981 na pensão “Isa”, na Via Cicerone, perto da Praça de São Pedro. Até hoje ninguém sabe se foi por acaso que ele entrou numa pensão que levava o nome árabe de Jesus. No dia 13 de maio de 1981, Mehmet Ali Agca deixou a pensão por volta das 16 horas com uma pistola de produção britânica do tipo Browning Automatic, nove milímetros, na cintura e tentou conseguir um lugar na multidão na Praça de São Pedro, que esperava pela audiência do papa. Ali Agca escolheu o lado direito da Praça de São Pedro para o atentado; o papa passaria ali, perto da entrada do chamado Portão de Bronze. Hoje, há uma placa no lugar em que ocorreu o atentado.

Naquele dia, o papa subiu por volta das 17 horas no Fiat Campagnola. É um jipe muito simples que já seu pré-predecessor, o papa Paulo VI, arrumara para audiências. O jipe branco não tinha fama muito boa. Ele era tido como extremamente não confiável. Paulo VI mandara fazer algumas alterações muito rudimentares no jipe. Além de dois assentos mal acolchoados no lado, quase nada foi mudado no carro. Ele parece mais apropriado para uma excursão de um grupo de escoteiros do que para um papa. O Fiat Campagnola, que hoje está guardado na garagem privada do papa, chegou à Praça São Pedro pontualmente às 17:05 horas. Como sempre, o papa mandou seu motorista dar uma volta na praça.

O que aconteceu nesse momento com Mehmet Ali Agca, isso ele nunca contará e também não poderá ser reconstruído. O crime que ele cometerá em seguida entrou para a história como o crime perfeito, porque, mesmo com os enormes esforços da justiça durante décadas, nunca se conseguirá encontrar as pessoas dos bastidores. O que mais tarde deixará os juízes perplexos é o fato de que Agca sabia que permaneceria preso pelo resto de sua vida se cometesse o atentado ao papa. De antemão estava claro que o terrorista turco não tinha nenhuma chance de escapar em liberdade da Praça de São Pedro, na qual dez mil pessoas haviam se reunido e no qual se acotovelavam gendarmes do Vaticano e policiais. Ainda assim, o terrorista comete um crime sem motivo visível e com o qual sabe que destruirá sua vida, e até hoje ninguém sabe por quê. Quando o papa se aproximou, Ali Agca puxou a pistola e apontou para sua cabeça. Eram 17:22 horas. O disparo errou o alvo, atravessou o braço de uma freira. Em pânico, Agca abaixou o cano de sua pistola, dessa vez ele precisava acertar, ele apontou para a barriga do papa, mais fácil de ser acertada, e apertou o gatilho.

"Eu estava no jipe do papa, mas não vi a pistola, nem ouvi o disparo. Somente me lembro que, de repente, todas as pombas voaram, que centenas de pássaros subiram sobre a Praça de São Pedro. Isso deve ter sido o disparo. Depois olhei para o papa que estava bem à minha frente. Ele desabou. Eu não pensei um segundo sequer, apertei automaticamente o botão", descreveu-me esse momento meu amigo Arturo Mari, durante anos o fotógrafo do papa. "O papa começou a rezar, ele rezava para a Virgem Maria, e eu escutei que ele chamava por Maria", me disse seu secretário durante anos, D. Stanislaw Dziwisz.

O grupo assustado em volta do papa baleado cometeu então um terrível erro: a poucas centenas de metros de distância, no final da Via della Conciliazione, estava o hospital Santo Spirito. O hospital possui pronto-socorro e podia cuidar perfeitamente do papa, que estava ferido e perdia muito sangue. Mas, sem pensar, os colaboradores do papa seguiram uma antiga ordem de que ele, em caso de ferimento ou doença, deveria ser levado para seu próprio hospital, para a clínica do Vaticano que leva o nome do médico e padre Agostino Gemelli. O papa ensanguentado foi levado de volta, através do portão do Arco delle Campane, depois atravessou o parque do Vaticano, por trás da cúpula de São Pedro, até a enfermaria do Vaticano. Ali havia uma ambulância que sempre estava de prontidão. "Eu me lembro de que a luz da sirene estava quebrada", relatou-me mais tarde D. Stanislaw Dziwisz. O papa gravemente ferido foi colocado nessa ambulância, depois o veículo atravessou Roma correndo, uma viagem longa demais para um homem tão gravemente ferido. O papa teve que suportar aproximadamente vinte minutos de viagem, um erro que poderia ter sido mortal.

Quando o carro chegou à clínica Gemelli, houve espanto. Em vez de levar o papa imediatamente para a sala de operação e provê-lo com sangue, os enfermeiros o levaram para o apartamento reservado para ele no décimo andar da clínica. Somente quando uma enfermeira recebeu o papa ali em cima, ela compreendeu a gravidade da situação. Ela cuidou para que o papa fosse levado imediatamente para baixo, para a sala de operação. Quando finalmente chegou ali, a equipe de operação de Francesco Crucitti constatou que o papa João Paulo II perdera muito sangue. Existia perigo de morte. D. Stanislaw Dziwisz lhe deu o último sacramento, a extrema-unção. O secretário não contava que o papa sobreviveria.

Depois, o professor Francesco Crucitti começou a operação que durou quase seis horas e transformaria o mundo. A conversa com ele, oito anos mais tarde, foi uma das experiências mais incisivas da minha vida. Eu já sabia que seria assim antes de ir vê-lo para perguntar o que aconteceu naquela noite em que salvou a vida do papa. Eu sabia que lhe faria uma pergunta que poderia mudar minha vida. Eu perguntei: o senhor realmente pode me mostrar uma imagem que comprove a existência de Deus? O professor Francesco Crucitti já insinuou antes do nosso encontro que, assim como todo médico, precisa respeitar a privacidade e não cogitava em revelar segredos médicos sobre seus pacientes. Mas eu nem queria sabê-los. Quando nos encontramos, já simpatizamos. Eu era um jovem de vinte e seis anos e tínhamos uma coisa em comum: ambos viemos de condições simples. Sua mãe foi dona de casa, assim como a minha; seu pai foi um simples ferroviário, meu pai trabalhou como marceneiro para as fábricas da cidade, em Werl, na Alemanha. Francesco Crucitti ascendeu trabalhando, o que não foi fácil. Agora era um homem mundialmente famoso. Enfim, lhe fiz a pergunta que queimava em minha alma: "O raio X realmente mostrou, na ocasião, que Deus existe?" Ele me olhou pensativo e então desenhou numa folha de papel o que tinha acontecido. "A bala acertou o papa na barriga e despedaçou uma parte do intestino, a bala teria acertado órgãos vitais e vasos sanguíneos, se não tivesse descrito um trajeto estranho."

"O que significa estranho?"

"Parecia que algo invisível desviou a bala, a afastou dos órgãos vitais, de modo que a bala, dentro do corpo do papa, fez uma curva que na realidade era impossível."

"O senhor quer dizer com isso que algo fantástico desviou essa bala, que o papa teria morrido se a bala não tivesse sido ricocheteada por algo inexplicável no corpo dele e desviada. Era isso? Um milagre no corpo do papa?"

"Eu sou médico e não teólogo, mas eu sei o que o papa João Paulo II disse: 'Uma mão atirou e outra desviou a bala'. Eu acho que ele tem razão. Tal como entrou no corpo do papa, em zigue-zague, a bala nunca poderia ter entrado. Algo a desviou."

Quando me despedi dele, eu sabia que agora começaria um caminho muito longo – em busca de respostas a essa pergunta decisiva, com todas as suas consequências. Será que o professor Francesco Crucitti fantasiou algo ou ele foi testemunha ocular de um milagre? Essa pergunta não me abandonou até hoje.

UM PAPA PARA SER TOCADO

Naturalmente se difundiu em Roma que possivelmente o papa João Paulo II sobreviveu ao atentado de maneira milagrosa. Em Roma, onde cheguei em 1987, viviam muitas pessoas que não tinham dúvida de viver numa rara época em que um santo governava o Vaticano. As audiências gerais ficavam repletas de pessoas de todo mundo que não somente queriam ver, mas também tocar nesse homem. Os peregrinos, frequentemente monges e padres, doentes, pessoas em estado de necessidade, estavam dispostos a enfrentar problemas consideráveis para poder tocar nesse homem. Ainda tenho diante de meus olhos aquelas audiências em que Karol Wojtyla perambulava forte e decidido no corredor central da "sala de audiência papa Paulo VI". Apesar das ordens dos gendarmes do Vaticano, berradas num tom duro, para ficarem embaixo, padres e peregrinos sempre tentavam transpor as grades de bloqueio. Eu vi jovens seminaristas que pulavam em cadeiras e se jogavam por cima das grades de bloqueio para tocar em João Paulo II (ver imagem na página 134). Ele mesmo andava com incrível paciência pela sala. Os gendarmes odiavam esses momentos. Na época, os controles para ir a audiências gerais no Vaticano eram ridículos. Os gendarmes sabiam exatamente que entre as milhares de pessoas que o papa abraçava, benzia, cumprimentava, cada uma poderia levar consigo um revólver ou uma faca. Karol Wojtyla não parecia se importar com isso. Ele aceitava que todas as pessoas quisessem tocá-lo, que não somente quisessem ouvir suas preces, mas também apertar-lhe a mão ou pelo menos tocar uma parte de sua roupa. Muitas vezes pensei sobre os motivos disso. De onde viria essa necessidade? O que levaria um homem do México ou uma mulher das Filipinas a aceitar possíveis lesões e ouvir gritos ou ser empurrado pela Guarda Suíça, ou pelos gendarmes, só para tocar a roupa do papa? Mais de uma vez vi sua batina branca ficar manchada no caminho através da multidão, às vezes até rasgava. Acho que subliminarmente a maioria das pessoas pensava num episódio do Novo Testamento: "Talvez eu só tenha a chance de tocar num santo uma vez na vida, não posso perder isso".

Esse episódio é descrito por Marcos no quinto capítulo de seu evangelho com relação a Jesus da seguinte maneira (a partir do versículo 24):

24 Jesus foi com ele e grande multidão o seguia, comprimindo-o.
25 Ora, havia ali uma mulher que já por doze anos padecia de um fluxo de sangue. ***26*** *Sofrera muito nas mãos de vários médicos, gastando tudo o que possuía, sem achar nenhum alívio; pelo contrário, piorava cada vez mais.* ***27*** *Tendo ela ouvido falar de Jesus, veio por detrás, entre a multidão, e tocou-lhe no manto.* ***28***
Dizia ela consigo: "Se tocar, ainda que seja na orla do seu manto, estarei curada". ***29*** *Ora, no mesmo instante se lhe estancou a fonte de sangue, e ela teve a sensação de estar curada.* ***30*** *Jesus percebeu imediatamente que saíra dele uma força e, voltando-se para o povo, perguntou: "Quem tocou minhas vestes?".* ***31*** *Responderam-lhe os seus discípulos: "Vês que a multidão te comprime e perguntas:Quem me tocou?".* ***32*** *E ele olhava em derredor para ver quem o fizera.* ***33*** *Ora, a mulher, atemorizada e trêmula, sabendo o que nela se tinha passado, veio lançar-se a seus pés e contou-lhe toda a verdade.* ***34*** *Mas ele lhe disse: "Filha, a tua fé te salvou. Vai em paz e sê curada do teu mal".**

As chances de tocar no papa durante a audiência geral não eram poucas, pelo menos no inverno, quando vi-

---

* Bíblia Sagrada Ave Maria. São Paulo: Editora Ave-Maria. Edição Claretina Revisada. 2010.

nha para a sala. O importante era chegar cedo, bem cedo, sentar-se num lugar no corredor central, não sair dele por nada no mundo – e trazer um presente. Karol Wojtyla não conseguia passar por pessoas que queriam lhe dar algum presente, ainda que fosse somente um desenho rabiscado de seus filhos. E ainda havia um truque para fazer o papa parar: ele não resistia a crianças que pediam ao papa para escrever um cumprimento em seus livros de oração. Havia dias em que demorava infinitamente até que o encontro com os fiéis na sala de audiência finalmente terminava.

Com o tempo, eu soube que ainda havia duas outras possibilidades de encontrar o papa. Uma delas estava automaticamente excluída para mim: presidentes de Estado e políticos importantes, VIPs de todo tipo, tinham a chance de conseguir uma audiência privada. Como eu era o contrário de um VIP, esse caminho estava fechado para mim. A segunda possibilidade era ser convidado para uma missa matinal. Na época, essas missas na capela particular do papa estavam rodeadas por lendas. Qualquer pessoa em Roma sabia que existiam e que o papa realmente convidava algumas poucas pessoas para isso, mas ninguém sabia dizer quem eram esses peregrinos extraordinariamente felizes. Quando os padres romanos falavam das missas privadas, eles cochichavam. Pois durante essas missas, o papa tentava, dia após dia, pedir milagres a Deus.

IGREJA MISTERIOSA

Era totalmente misterioso para mim como conseguir um convite para a tal missa matinal. O fato de, mesmo assim, eu ter recebido o tal convite está relacionado com o fato de ser de uma pequena cidade, de Werl, na Westfália.

Antes da minha rebeldia adolescente e estudantil, quando de fato eu desprezei a Igreja, eu tinha sido uma criança e muito devota. Fui um acólito e evidentemente o caminho de bicicleta até a Igreja St. Walburga fazia parte da vida. Eu tinha orgulho de que em Werl havia duas igrejas grandes: a Igreja da Peregrinação e a Igreja St. Walburga. Transferido para Roma, inicialmente eu não conseguia compreender que a minha volta, em poucas centenas de metros de distância, havia dezenas de enormes igrejas antiquíssimas. Na época, tive uma sorte incrível: o centro de Roma ainda era uma grande aldeia. Hoje, nos melhores apartamentos do centro, vivem pessoas de Nova York ou de Tóquio, de Moscou ou do Rio de Janeiro, que querem viver um pouco em Roma e por isso pagam uma fortuna de aluguel para alguns dias ou semanas. Elas querem ter a sensação de ter vivido no centro de Roma ou elas vêm porque tem trabalhos bem remunerados por curto espaço de tempo. Provavelmente, sempre houve esses clientes. Mas antes da invenção da internet, os romanos que tinham apartamentos no centro para alugar não sabiam como entrar em contato com inquilinos ricos. Como os italianos desconfiavam profundamente de sua moeda de então, a lira, cada um que podia comprava um apartamento; e assim havia um monte de apartamentos vazios que alguém comprara como investimento de capital, principalmente no centro antigo, em volta do Coliseu, na Piazza di Spagna, no Vaticano. Os romanos costumavam tentar alugá-los divulgando pelo atendente do café da esquina. Hoje se pode ver esses apartamentos na internet e alugar por uma fortuna. Eu procurei um apartamento na época e não fazia ideia de como isso era difícil. Jovens solteiros como eu viviam com suas mães – todos. Apesar da procura intensiva durante meses, não consegui encontrar nenhuma república, como era totalmente comum no norte da Europa.

Naquela época, eu morava como subinquilino com um jovem fechado e sombrio num triste apartamento que ele tinha herdado de sua avó. Tudo era velho e a chuva constante do lado de fora e o frio no apartamento não melhoravam a situação. Na época, tal como hoje, já havia mais de dez milhões de turistas por ano em Roma que queriam ver o Coliseu. Os romanos tinham outro motivo para ir ao antigo anfiteatro. Havia ali uma das melhores vendas de vinho a granel, "vino sfuso". A um passo do Coliseu, um velho senhor colocou alguns barris num tipo de adega, colocou algumas mesas e abriu uma taberna improvisada, na qual vendia vinho que os clientes bebiam de grandes garrafões. O litro custava 400 liras, que equivaleria, hoje, a 45 centavos de real. O velho senhor tinha muitas amizades e, com seu antiquíssimo Renault, sempre conseguia adquirir quatro barris de vinho de excelente qualidade dos vinicultores perto de Roma para vendê-lo em seu pequeno negócio.

Hoje, tudo isso é inconcebível. Os espaços que dão para a rua, antes usados por simples comerciantes, agora pertencem a hotéis de luxo, a vista para o Coliseu tem seu preço. Eu descia de Vespa a rua que vem da estação ferroviária para comprar vinho a granel no Coliseu. Exatamente em frente havia um café. Realmente não sei explicar por que havia ali um café simples e barato, apesar das mesas oferecerem uma vista lindíssima do Coliseu. Hoje, o bar está numa área cara de diversão frequentada sobretudo por um público homossexual abastado. Mas, na época, o café pertencia a um homem com o maior nariz de rosácea do mundo, que agora administra um dos mais caros cafés-restaurante do Coliseu. Foi ele quem me disse que no edifício ao lado havia um apartamento livre. Assim, encontrei meu apartamento nesse bairro, inicialmente na Via San Giovanni in Laterno, mais tarde, e graças a sua dica, na Via Santissimi Quattro, a apenas alguns passos. Naquela época, não consegui compreender que, graças à dica de um balconista, eu teria a chance, hoje inconcebível, de morar no centro de Roma por uma pechincha de aluguel.

Vivo desde 1987 em Roma e às vezes ando melancolicamente pelo antigo bairro. Mesmo que na época não houvesse nada de interessante para um jovem em volta do Coliseu, pois a área de entretenimento ainda não existia, as igrejas eram fascinantes.

Apesar de não demonstrar interesse pela crença da Igreja católica há muito tempo, no meu íntimo eu ainda tinha um pouco de orgulho pela existência de igrejas antigas tão belas em minha cidade natal. Eu estava acostumado a andar pelo menos uma boa meia hora de bicicleta para estar diante de uma velha igreja. Agora, do meu apartamento no Coliseu, eu podia chegar a muitas igrejas esplêndidas em menos de dez minutos. Isso me impressionou muito, especialmente porque a maioria das igrejas eram lugares misteriosos. Por exemplo, o convento Santissimi Quattro Coronati, diretamente no fim da estreita ruazinha em que eu morava. É um castelo de ocupação e foi um dos conventos mais importantes do mundo quando os papas ainda residiam no Latrão e o palácio do papa ainda não tinha sido construído. Demorou um pouco até eu descobrir que o truque era dar uma pequena doação às freiras do convento através da grade, para receber a chave para seu tesouro: uma capela em que os papas da Idade Média tinham recebido reis. Um espaço impressionante, como viajar um milênio no tempo. Depois, a poucos passos, Santa Maria ai Monti. Na verdade, era a paróquia do meu bairro. Um velho padre temperamental fazia ali um trabalho engajado junto com o jovem padre cego D. Andrea. A Igreja Monti, na Via dei Serpenti, já era atraente pelo simples fato de estar perto da igreja mais misteriosa para mim, a Igreja dos Católicos Unidos da Ucrânia. "Que raios seriam católicos unidos?", pensei. Às vezes saíam desse complexo homens com trajes esquisitos e olhar selvagem. Para mim, era misterioso como eles conseguiram chegar a Roma partindo da Ucrânia, atravessando a Cortina de Ferro. Naturalmente também fazia parte dessas minhas igrejas prediletas a lendária Igreja de San Clemente. Pode-se descer até o nível de Roma antiga, entrar na casa de um romano daqueles dias e, ainda mais além, até o *mitraeum* em que se veem os bancos de pedra nos quais os adeptos dessa religião de soldados se deitavam por volta de 300 d.C.

Na época eu fazia *cooper* no Circus Maximus. Eu corria sobre o morro ao lado do Coliseu e ali vi, pela primeira vez, as estranhas freiras em esquisitos trajes azuis, comprometidas com uma certa Madre Tereza. O papa tinha lhes dado uma parte do Convento de São Gregório Magno. Em minhas incursões cheguei enfim a não muito distante Via delle Botteghe Oscure, ao lado do Capitólio. O compositor mundialmente famoso Ennio Morricone morava ali, o homem que imortalizou os filmes de Sergio Leone, os bangue-bangues com Clint Eastwood. Ele acordava muito cedo, por volta das cinco da manhã, e atravessava a Piazza Venezia para ir ao seu café de costume.

E ali também estava a Igreja do Santo Estanislau. Naquela época, essa igreja estava envolta em algo extremamente conspirador, o Muro de Berlim ainda existia. Hoje, veículos caros da Polônia estacionam em frente à igreja e, nos feriados, chegam centenas de peregrinos para celebrar missas. Na época, essa igreja era a base de uma silenciosa comunidade de poloneses que de algum modo conseguiram chegar a Roma e trocavam informações sobre sua pátria. Havia muitos emigrantes alemães que chegaram da Polônia para a República Federativa Alemã, e de lá para Roma. Fiz amizade com alguns deles, e me ajudou o fato de meus pais virem da atual Polônia, da antiga parte alemã da Silésia. Eu lhes revelei que meu maior desejo era participar uma vez de uma missa na capela particular do papa – e de fato, após alguns anos eu consegui.

O HOMEM DE WADOWICE

Cidade do Vaticano, abril de 1989, 4:45 horas. A primavera foi extremamente chuvosa e à noite caía uma chuva densa do céu escuro sobre Roma. Eu precisava ir do meu apartamento, na Via Santissimi Quattro Coronati, uma casa de esquina a poucos metros do Coliseu, para o Vaticano. De qualquer maneira. Eu não tinha carro, somente uma Vespa, e olhava desesperadamente para a chuva torrencial – com meu terno preto, que na ocasião ainda tinha aquelas ridículas ombreiras. Finalmente, recebi o convite pelo qual esperava há dois anos; um convite para aquele local no Vaticano que muitos fiéis consideravam o lugar de todos os milagres. E agora tudo ameaçava dar errado porque eu não contei com a possibilidade de chuva, de um dilúvio. Eu dormi somente algumas horas, tomei banho e esperava poder ir ao Vaticano de Vespa. Mas, sob tais circunstâncias, isso era impossível. Eu chegaria completamente molhado.

Eu podia ter ligado para as centrais de táxi, mas só haveria mulheres sonolentas me dizendo que não havia táxis, que todos estavam ocupados. Eu fiquei na porta com a vaga esperança de que um carro aparecesse no ponto de táxi do Coliseu. Realmente vi um táxi, mas o motorista dormia ou cochilava; bati no vidro. Desmotivado, ele abriu a porta de seu Fiat Mirafiori que estava muito sujo por dentro e com o motor ligado. Eu disse: "cidade do Vaticano, Portão de Bronze". Eu nunca tinha estado lá, nem sabia que esse portão existia. Eu achava que se chegava ao Vaticano passando pela Porta Sant'Anna. Ali, onde diariamente milhares de turistas fotografavam a Guarda Suíça de uniforme. Também não sabia que a entrada para convidados especiais era o Portão de Bronze, situado ao lado direito da Basílica de São Pedro e vigiado dia e noite. Até esse dia eu nunca tinha estado no interior do Vaticano. Como qualquer turista, visitei a Basílica de São Pedro, os museus do Vaticano, mas nem vi os jardins do Vaticano. O taxista me conduzia pela noite da cidade e eu pensava o tempo todo que também já tive um Fiat Mirafiori, adquirido por 500 marcos alemães e que sempre quebrava. Eu torcia para que esse carro conseguisse chegar ao Vaticano, pelo menos nessa manhã. O carro conseguiu, e como eu não tinha guarda-chuva, corri para a Praça de São Pedro me protegendo nas colunas.

Não consegui o convite para a missa matinal com o papa pelo fato de ser um jovem jornalista. Um convite assim, isso descobri muito rapidamente, era negociado como ouro. Muitos colegas esperavam anos até que se atreviam a pedir tal honra ao porta-voz do papa, Joaquín Navarro-Valls. Quase sempre o faziam quando recebiam a visita de sua mãe – eles queriam levar suas mães para participar de uma missa privada com o papa. Eles iam ao escritório de Navarro, diziam que há anos não pediam por nada, mas que agora sua mãe estava na cidade e naturalmente para ela seria uma experiência única em sua vida visitar a capela particular do papa. Muitas vezes Navarro cedia. Eu, ao contrário, não estava em Roma há tempo suficiente. Navarro-Valls quase não me conhecia. Mas eu conhecia um grupo de peregrinos poloneses que gostava de mim porque meus pais são da Silésia. O padre do grupo conseguiu que eu pudesse acompanhá-los. Inicialmente, eu fiquei sozinho diante do Portão de Bronze. Esperei no frio da manhã e na chuva e tentei colocar meu cabelo em ordem. De repente, surgiu o grupo de poloneses na escuridão, o padre veio diretamente para mim e perguntou em alemão: "Você manteve sua promessa, não?"

Eu fiz que sim. Tive que prometer que antes da missa com o papa, por respeito à hóstia, eu não comeria nem beberia nada. Era necessário prometer chegar com o estômago completamente vazio. Eu não me atrevi a beber nem um copo de água – também por um medo irracional de ser descoberto de algum modo misterioso.

A Guarda Suíça leu com atenção a carta que o padre levava consigo, depois contou o pequeno grupo e, em silêncio, subimos a ampla escada que levava até o pátio de São Damásio. Depois, à direita, para o pequeno pátio interno que leva o nome do papa Sisto V. Na época, eu não sabia que esse pátio fazia parte dos lugares mais bem vigiados do mundo. O elevador que leva diretamente ao apartamento do papa termina nele. Somente seu secretário, D. Stanislaw Dziwisz, possuía a chave para esse elevador – e nós subimos. O apartamento do papa encontra-se na assim chamada terceira *loggia*, atrás de uma enorme porta de madeira nobre. Eu me lembro do estranho e antiquado sistema de números que se iluminavam na entrada, dependendo de quem do apartamento papal era esperado no telefone. Atravessamos a grande sala. O botão introduzido pelo papa Paulo VI ainda estava na escrivaninha. Com esse botão, o papa chamava discretamente seu secretário quando uma conversa com um bispo demorava demais. Do lado esquerdo, atravessamos a sala de estar, continuamos por um longo corredor e chegamos à capela papal. Andamos em silêncio, não falamos nenhuma palavra.

Eu queria entrar na capela quando um jovem padre me deu um sinal de que eu devia ficar parado. Somente depois eu o vi: o papa João Paulo II estava deitado no chão em frente ao altar com os braços abertos. Ele estava deitado sobre a barriga como uma enorme pomba branca que queria mostrar que estava pronta para tudo. Havia silêncio na capela. Num determinado momento o papa levantou-se lentamente. O único barulho era o rangido de seus sapatos de couro. Ele vestiu as casulas e nós nos sentamos em silêncio nos bancos da igreja, o vidro colorido da capela deu aos nossos rostos estranhamente pálidos uma cor esquisita. Somente mais tarde eu soube que da capela é possível chegar ao terraço acima, no qual os arquitetos fizeram um erro catastrófico. Existe um ponto do qual um francoatirador poderia atirar no papa quando ele está nesse terraço: a ponta da cúpula da Basílica de São Pedro. Para evitar isso, especialistas construíram enormes e pesadas paredes de vidro blindado no terraço, que fizeram o palácio afundar um pouco e rachar o vidro.

SOZINHO COM DEUS

Uma freira com um alto capuz preto entrou na capela. Ela tinha na mão um maço de folhas, foi até o banco de oração que parecia destinado ao papa, abriu o banco e colocou essas folhas dentro. Eu não sabia que tipo de folhas poderia ser. Nunca vou me esquecer de que João Paulo II leu grande parte da missa como se nós não estivéssemos lá. Nessa manhã, como em todas as outras, ele tinha um compromisso primeiramente com Deus – e somente depois com o pequeno grupo de visitantes. Eu o olhava: ele demorava infinitamente na oração diante do altar. Era como se ele sentisse, e apenas ele, que algo estava concretamente presente na sala, algo que ninguém além dele podia sentir, pelo menos não tão fortemente. Já naquela época eu sabia o que ele costumava responder quando questionado sobre se já vira a Virgem Maria: "Não, mas eu posso senti-la".

Será que o papa realmente possuía essa relação especial e única com Deus? Todo o Vaticano se perguntava isso. Especialmente a secretaria de Estado ficava sem palavras por causa da relação concreta do papa com Deus, pelo menos desde o anúncio da lei marcial na Polônia e desde o turbulento ano anterior. O presidente dos Estados Unidos, Jimmy Carter, informou pessoalmente ao papa, no inverno de 1980, que a União Soviética tinha posicionado fortes tropas de tanques na fronteira oriental da Polônia. Na Alemanha Oriental de então, as tropas do Exército Nacional Popular foram mobilizadas e estavam de prontidão para invadir a Polônia. Num telefonema pessoal, o papa advertiu ao chefe de Estado da União Soviética, Leonid Breschnew, que, com a invasão da Polônia, ele colocaria os russos no mesmo patamar dos nazistas. O ataque não ocorreu. Mas no inverno de 1981, na noite do dia 12 para 13 de dezembro, o exército polonês assumiu o controle e decretou lei marcial na Polônia. A secretaria de Estado esperava do papa polonês instruções sobre como proceder diplomaticamente, mas João Paulo II deu uma resposta incrível: "Esperemos pelo sinal que Deus nos dará, então saberemos o que deve ser feito". Será que o Deus eterno realmente se intromete com sinais do céu no dia a dia da política do Vaticano? Mas Karol Wojtyla queria dizer exatamente isso.

Nada deixa tão claro a enorme diferença com relação a seu sucessor como esse ponto: o papa João Paulo II estava piamente convencido de que Deus interferia no mundo, e até com frequência, pois se tratava de um Deus ativo, presente, que podia ser sentido, um Deus que realizava numerosos milagres. Bento XVI, ao contrário, no dia 12 de setembro de 2009, quando estava a caminho de Lourdes, a capital dos milagres da Igreja católica, disse que ele não ia para lá por causa dos milagres.

Karol Wojtyla tinha um jeito inacreditavelmente direto de tratar com Deus. Como naquele dia especial no Sinai. O papa quis rezar ali no dia 26 de fevereiro de 2000, diante do Mosteiro de Santa Catarina. Acho que nunca participei de uma cerimônia papal em que estive tão perto dele. Nós estávamos sentados tão perto, ele num pedestal e eu ao lado. Eu podia estender o braço e tocá-lo. Naturalmente isso se devia ao fato de que só algumas dezenas de peregrinos vieram a essa cerimônia no meio do deserto. Karol Wojtyla estava sentado e não fez nada durante minutos. Todos esperavam o discurso do papa, mas ele não fez nada. Ele silenciava. Finalmente compreendi o que ele estava fazendo. Ele esperava. Esperava por Deus. A poucos passos de distância do lugar em que o papa João Paulo II estava sentado, Deus se mostrara a Moisés em forma de sarça ardente; para Elias, ele apareceu na forma de sopro de vento. Agora João Paulo II rezava nesse lugar, como primeiro papa da história, primeiro sucessor de São Pedro. Portanto, Deus se mostraria, ele travaria contato com o homem de Wadowice, o papa parecia convencido disso.

Karol Wojtyla piscou para mim como se quisesse dizer, espere, ele virá. Eu me perguntava como será reconhecido e olhava para o papa, que rezava e esperava. Às vezes eu olhava o papa questionando: "E o que agora?" Com um olhar ele me disse: "Espere pacientemente. ELE virá". Então, de repente, João Paulo II mudou completamente. Ele parecia tomado por alguma coisa, por algo grande, algo que eu não podia ver. De um segundo para outro começou a ventar um pouco e no céu do deserto apareceu uma única e pequena nuvem. Eu vi Karol Wojtyla rezar – o que quer que estivesse acontecendo, acontecia nele, não aqui fora. Isso estava claro. Tive a impressão de que ele falava com alguém que somente ele conseguia ver, que apareceu de algum lugar. Mas o surpreendente desse momento era outra coisa. Eram seus olhos. Quando ele voltou a olhar para mim, havia em seus olhos essa incrível alegria. Ele balançou a cabeça para mim e disse: "Você viu, ELE veio. Pela primeira vez na história um papa veio ao Sinai e ELE veio e nos saudou".

Esse jeito incrivelmente concreto de tratar com Deus às vezes tinha algo surpreendente, algo chocante, até maluco. Raramente vivi isso de modo tão nítido como em Havana. Era um dia cinzento, escuro. O regime de Fidel Castro ameaçou subliminarmente as pessoas de que poderiam até perder seus postos de trabalho caso fossem à missa do papa, no entanto, foram 300 mil pessoas, gente demais para prender. Para irritar o papa, o regime colocou, ao invés de uma cruz, uma imagem de Che Guevara.

Durante a missa, o céu se abriu. Começou a ventar muito e, de repente, o sol apareceu radiante. O papa interrompeu seu discurso. Ele olhou para o céu caribenho, que agora brilhava em azul, o vento soprava sobre a água. Ao invés de continuar pregando, ele disse: "Eu considero esse vento muito, muito significativo". Para ele, era o Espírito Santo. Mas será que se podia ver o tempo instável do Caribe, que mudou no momento em que o papa pregava, como um sinal do santo Deus? Karol Wojtyla era assim, exatamente assim. Ele via a ação de Deus e os sinais de Deus ao seu redor. Ele não acreditava no acaso.

Portanto, era esse homem que naquela manhã de abril de 1989 parecia ter acordado de um transe e saudava o grupo de visitantes com seus olhos alegres. Era uma saudação cordial, mas eu senti nitidamente que naquele momento começou para Karol Wojtyla o trabalho. Se deixassem, ele ficaria sozinho nessa sala provavelmente durante dias, para rezar. Receber pessoas já fazia parte de seu trabalho: ele não nos deixava sentir que o detínhamos de continuar falando com Deus, mas era nítido que se sacrificava. Por que fazia isso consigo? me perguntei na época. Por que não continua simplesmente com suas coisas? Ele é o chefe da Igreja, não precisa deixar entrar, ainda de madrugada, pessoas estranhas em sua capela particular. Ele ainda terá que falar o dia todo com milhares de pessoas. Então, por que fazia isso? A resposta estava na mão, estava escrita em seu rosto, estava na sala, o rodeava. Esse homem não reivindicava nada para si, ele não queria nenhum favor, nenhum luxo para si. Os móveis no apartamento foram arrumados pelo papa Paulo VI, Karol Wojtyla se negou a comprar móveis novos, eles eram velhos e estavam repletos de arranhões. Sua batina já tinha sido costurada em vários lugares, os sapatos eram de uma marca barata e ele usava um relógio barato. A caminho da capela, eu vi uma máquina de escrever que era tão velha que em qualquer escritório de Roma há muito estaria no lixo. Esse papa queria dar, e não receber. E isso talvez tenha sido o mais surpreendente daquele homem, que ele tinha infinitamente tanto a dar, que nunca parecia exausto, vazio, sempre tinha algo que podia dar aos homens.

Enfim, chegou o momento pelo qual eu esperei tanto tempo. O papa abriu o banco de oração, pegou as folhas que foram ali colocadas. Ele parecia afundar numa oração, submergir para perto de Deus, e eu via como ele movimentava seus lábios. Eu sabia o que ia acontecer agora; mesmo assim era completamente incompreensível para mim. O papa rezava pelas pessoas em situações sem saída que se dirigiam a ele, pessoas com doenças em fase terminal, pessoas desesperadas, pessoas expostas a perigos em guerras, que temiam por seus filhos. Todo esse gravíssimo sofrimento encontrava todo dia seu caminho no banco de oração do papa, e ele se dirigia a Deus para diminuir o sofrimento dessas pessoas ou até eliminá-lo por meio de um milagre.

Eu olhava atento para esse papa que rezava, ele tinha as mãos fechadas, não como se rezasse, mas sim como se implorasse a Deus. Eu ficava fascinado de ver aquilo que, com a melhor das vontades, eu não compreendia. Por que Deus escutaria mais um homem que rezava numa capela em Roma do que uma dona de casa que rezava num ônibus? Isso não era desmedido? Do ponto de vista da Igreja católica não era de modo algum. De acordo com a crença da Igreja, Deus convocou esse homem como seu representante na Terra. O papa tinha que pressupor que Deus olhava mais para ele do que para as outras pessoas, afinal, segundo a Igreja católica, ele guiava o rebanho de Deus. Será que o papa realmente conseguia fazer com que Deus realizasse milagres? Estava eu realmente diante de um homem que funcionava como um canal de comunicação com o céu? Será que esse homem podia travar contato com o Deus inapreensível, inexplicável, além do tempo e do espaço, ou tudo isso era uma terrível superstição e uma enorme besteira? Eu me propus a tentar encontrar a resposta – e às vezes tenho a sensação de tê-la realmente encontrado. Porém, uma coisa é certa: nunca, em minha vida, vi alguém rezar de modo tão intenso como Karol Wojtyla.

A PRIMEIRA PISTA

Em 1995, encontrei um visitante de uma dessas missas matinais. O padre descia a Via della Conciliazione numa chuva torrencial, eu parei o carro e lhe acenei. Quando ele entrou, vi que tinha adquirido uma roupa nova de padre. Ele parecia conservador e chique. "Para onde quer ir?" perguntei.

"Para casa. Obrigado por ter parado. Essa maldita chuva. Hoje de manhã estive na missa matinal do Santo Padre", disse ele.

Eu compreendia o que isso significava para ele. Acima de tudo, era algo como um seguro de vida. Padres que tinham problemas, ou que em breve teriam problemas, podiam esperar eternamente por um convite para uma missa matinal na capela particular do papa. Ser convidado para tal missa significava sobretudo uma coisa: tudo estava em ordem.

"Você não imagina sobre o que falamos hoje de manhã."

"Não, não faço ideia."

"Bom, na verdade não falamos, cochichamos."

"Então, o que se contou na mais santa de todas as capelas?"

"Um milagre", disse ele. "Em Roma ocorreu um milagre."

"Que tipo de milagre?"

"Não sei. Realmente não sei mais do que isso. Dizem ser um milagre, um grande milagre. A única coisa que sei é que aconteceu com um padre na diocese de Roma."

"E você tem certeza?"

"Sim, todos estavam realizados por causa disso. Eles agradeceram a Deus pelo milagre."

"E o papa?"

"O papa não mencionou o milagre com nenhuma palavra, você sabe, mas as pessoas ao redor dele deixaram vazar que aconteceu um milagre, e em Roma."

Eu deixei o padre em frente ao seu apartamento e fui ao escritório. Na época eu tinha um contato muito bom com um colaborador do vigário geral de Roma. O jovem e esbelto padre fazia aquilo que costumamos chamar de trabalho sujo. A vigairaria geral de Roma ficava no Palácio de Latrão, a antiga residência dos papas. Visto de fora, o enorme complexo impressiona, no térreo há um lindíssimo museu, também a última câmara de armas do exército dos papas. Os escritórios nos andares superiores, na maioria das vezes, estão empoeirados, precisam de reforma e estão com móveis arranhados e ofuscantes lâmpadas de neon. Frequentemente as salas são enormes, por isso é difícil aquecê-las no inverno e esfriá-las no verão. Alguns padres que trabalham ali fazem seus próprios aparelhos de ar condicionado no verão: colocam bacias com água. No inverno, muitos trazem aquecedores elétricos de casa. Como local de trabalho, realmente não se pode recomendar a vigairaria geral de Roma.

Pesquisar ali era um pesadelo para um jornalista, sobretudo quando se tratava de questões relacionadas ao Vaticano. Por um motivo muito simples: a apaixonada antipatia de dois altos religiosos. O responsável pelos sacramentos, e mais tarde arcipreste do papa, Virgilio Noé, e o vigário geral de Roma, Ugo Poletti, não se suportavam. Eu nunca entendi o motivo dessa antipatia, mas os dois senhores tinham um lendário horror um do outro. Quando dois altos religiosos no Vaticano travam guerra, isso naturalmente ocorre de modo piedoso e sutil. Entre outras coisas, o cardeal Poletti era responsável por mandar para o cardeal Virgilio Noé os seminaristas que deveriam participar das missas sagradas com o papa. Intencionalmente, ele sempre mandava uma seleção bizarra de seminaristas. Quando o cardeal Noé pediu um seminarista que deveria utilizar o turíbulo, o que não é tão fácil quanto parece, Poletti lhe mandou intencionalmente o seminarista mais desastrado. O candidato a padre devia fornecer olíbano diante do papa, mas o carvão em brasa caiu do turíbulo levemente aberto e acertou o papa, que rapidamente teve que eliminar as fagulhas de sua batina branca. Apesar do papa rir sobre o ocorrido, Noé escreveu enfurecido para Poletti que um dos seminaristas tentou "incendiar o Santo Padre". Outra vez, o papa pretendia examinar um dos seminaristas no latim; Poletti mandou o pior seminarista que encontrou e Karol Wojtyla advertiu o candidato a padre para estudar mais. O cardeal Noé vociferava. Numa outra vez, o arcipreste pediu que lhe mandasse seminaristas bem altos para a Basílica de São Pedro para uma missa com o papa, pois deveriam carregar os enormes castiçais. Seminaristas pequenos e fracos no altar principal de São Pedro com os castiçais na mão dariam a impressão de que poderiam cair a qualquer momento. Uma impressão não muito adequada. No entanto, Noé recebeu apenas os menores e mais delicados seminaristas que Poletti conseguiu encontrar. Noé bufava bravo: "Mas o que é isso? O que ele me mandou aqui? Os santos sete anões?"

Estava inteiramente claro que, com esse clima, se eu ousasse perguntar por um milagre com um jovem padre romano, os dois velhos senhores que podiam dar uma resposta me poriam imediatamente para fora. Ainda assim tentei. Liguei para meu homem de contato, o jovem padre no Palácio de Latrão.

Ele já atendeu ao telefone furioso: "Andreas, tanto faz qual seja sua pergunta, a resposta é não".

"Meu Deus, o que aconteceu?" perguntei. "Você está completamente fora de si."

"Não aconteceu nada, tchau."

Parece que eu o via sentado no grande escritório empoeirado com os armários arranhados repletos de tralha estocada que ninguém quer jogar fora. O jovem homem começaria a torcer dolorosamente a cara.

"Eu sei o que está acabando com seu dia. Um milagre, não é? Aconteceu um milagre", disse eu rapidamente antes que ele desligasse.

Escutei um suspiro reprimido. "Eu nunca vou entender por que meus irmãos não podem calar a boca nem uma vez. Não vou te perguntar como você ficou sabendo e você, portanto, não vai me responder que infelizmente não pode me responder isso. Certo?"

"Sim", retruquei. "Isso é completamente certo. Ainda assim não entendo inteiramente sua preocupação. Quem te disse que realmente é um milagre? Talvez alguém esteja fingindo, se fazendo de importante, talvez tenha sido apenas um acaso que parece um milagre?"

"Deus do céu", suspirou ele aliviado. "Essa é a primeira frase agradável que escuto hoje. Eu imploro, meu senhor, para que você tenha razão. Se não fosse um milagre, seria perfeito. Um fiel que simplesmente imagina que vivenciou um milagre. Um doido que acha que o bom Deus realizou algo impossível com ele. Tomara o eterno Deus no céu diga que você tenha razão, porque então toda esta loucura passará em alguns dias. Mas o que será se realmente é um milagre? O que, meu caro Andreas, o que acontecerá então? Eu te direi. Eles nos afobarão, nos caçarão, não nos deixarão em paz. Meu caro Andreas, pessoas exatamente como você investigarão durante meses para finalmente descobrir quando, onde e de que maneira ocorreu o milagre. E você sabe qual é o meu trabalho?"

"Eu suponho que sim."

"Você supõe corretamente. Meu trabalho é que nenhum de vocês descubra nada, a não ser que", ele fez uma pausa, "a não ser que eu tenha sorte e não tenha sido um milagre. Então eu te apresentarei com grande alegria todos os detalhes, caso estejamos tratando com alguém se fazendo de importante."

"Obrigado pela sinceridade", me despedi.

Na época havia em Roma 921 igrejas e aproximadamente 10 mil padres e frades que, de algum modo, faziam parte da diocese de Roma. Seria inteiramente impossível checar todos eles. Se realmente acontecera um milagre, eu nunca saberia do fato.

Eu já tinha esquecido a coisa toda quando, algumas semanas mais tarde, encontrei um colega americano para tomar o café da manhã no meu bar predileto, o Café San

Piero, ao lado da Praça de São Pedro. Ele estava muito mal-humorado e falava muito mal do Vaticano. Alguma coisa tinha acontecido.

"Ditadura idiota da Igreja", insultava ele. "Eles não entendem nada de democracia, não lhes interessa. Uma corte de príncipes."

"Eu sei", disse eu. "E você também sabe. Simplesmente não é uma democracia, senão uma monarquia eletiva. Mas você já deveria ter se acostumado com isso há muito tempo. O que aconteceu?"

"Recebi uma superbronca da assessoria de imprensa da Santa Sé, inclusive com todas as ameaças possíveis. Mas eu realmente não fiz nada que fosse desonesto."

"Ora, mas para nada não se recebe uma bronca."

"Eu só quis controlar a lista dos participantes da audiência, isso é tudo."

Conseguir a lista dos participantes das audiências do papa não era fácil, mas também não era impossível. Todo dia a prefeitura da casa papal publicava uma lista para os empregados do Vaticano com os nomes de quem seria recebido no próximo dia durante uma audiência do papa. Isto é, na verdade, existiam três listas: uma pública, que todo mundo podia ver, e duas secretas. Na lista que o Vaticano publicava estava escrito, por exemplo, que o grupo de acólitos de Bordeaux e os escoteiros católicos de Montreal participariam da audiência do papa. A primeira das duas listas secretas tinha uma utilidade simples: durante a audiência geral há um setor especial na Praça de São Pedro ou na sala de audiência, a chamada "prima fila", que nada mais significa que primeira fila. Nesse setor esperam as pessoas que apertarão a mão do papa após a audiência. Frequentemente, ficam nesse setor personalidades importantes, mas algumas não são reconhecíveis à primeira vista como VIPs. Se o papa aperta a mão do chefe do banco mundial, que espera na "prima fila", mas os fotógrafos não o reconhecem e não o fotografam, então não há fotografia de recordação do aperto de mão do papa – e o chefe do banco mundial fica bravo. Para evitar isso, existe uma lista secreta na qual está anotado: atenção, hoje esperam na primeira fila esses e aqueles VIPs. Os fotógrafos também recebiam fotos dos respectivos, para ter certeza de fotografar os convidados certos na "prima fila".

A segunda lista secreta é ainda menos destinada ao público. Nela estão anotadas as pessoas que recebem uma audiência privada com o papa à tarde. Principalmente na época da Guerra Fria, a lista dos convidados que vinham à tarde era altamente secreta. Assim, permaneceram em segredo aqueles encontros do papa João Paulo II com os representantes dos palestinos que prepararam a visita de Jassir Arafat ao Vaticano. O papa o recebeu, enfim, no dia 23 de dezembro de 1988. Para muitos países do mundo, Arafat ainda era, naquela época, um terrorista procurado internacionalmente. Portanto, apenas os fotógrafos sabiam quando e quem estaria no apartamento papal. Depois da queda do Muro de Berlim, a lista dos convidados do papa foi quase sempre inofensiva e até monótona. O papa recebia diplomatas, políticos, certo números de prefeitos das cidades em que esteve ou para as quais queria viajar, esportistas, padres e monges.

"Por que você arrumou a lista dos participantes da audiência?"

"Uma história muito idiota. O governador do meu Estado de origem nos Estados Unidos queria participar de uma audiência. Pedi durante anos por isso e enfim eles colocaram seu nome na lista."

"E então?"

"Então ele estava diante do Vaticano e lhe disseram que seu nome não estava na lista."

"Sim, e aí?"

"Por isso eu quis ver se realmente não estava na lista. Eu arrumei a lista com os fotógrafos."

"E aí te pegaram."

"Exatamente, mas pelo menos descobri que seu nome estava, sim, na lista. Então fui falar com ele e perguntei o que aconteceu. Aí ele confessou, acanhado, de que não conseguiu acordar."

"Entendi."

"Ele não conseguiu acordar para ver o papa."

"Isso é tudo?"

"Sim, isso é tudo."

"Você ainda tem a lista?", perguntei.

Ele a colocou na minha mão. "Fique com ela, se quiser. Eu tive tanto problema por causa disso que nunca mais quero saber dela."

Trouxe a lista para o escritório e a li minuciosamente. Havia somente uma explicação. Nesse dia o papa deve ter recebido alguém que ninguém deveria saber que esteve com Karol Wojtyla. Talvez um político, o chefe de alguma outra religião, um antigo aliado na longa guerra de Karol Wojtyla contra os comunistas. Eu chequei cada nome, mas nem um sopro de suspeita de que algum dos participantes numa das audiências desse dia tinha que permanecer em segredo. Na verdade, a lista era difícil de ser superada no quesito monotonia. Doentes, padres, frades, um cardeal, isso era tudo. Ainda assim o Vaticano se irritou com o fato da lista ter chegado às mãos de um jornalista. Mas por quê? O que estava escrito na lista que deveria ficar em segredo? Qual nome? Naturalmente, procurei por um nome conhecido, por alguém famoso. Alguns anos mais tarde houve um enorme embate no Vaticano porque um jornalista olhou para uma lista de audiência assim; na época estava na lista o nome da autora Oriana Fallaci. A ateia convicta e doente terminal queria ver o papa antes de sua morte e o papa concordou. Tudo deveria transcorrer de modo totalmente secreto. No entanto, um colega encontrou seu nome na lista de audiência. Mas na lista que eu tinha em mãos só havia fiéis completamente normais. Eu examinei os nomes várias vezes. Nada.

Deixe estar, pensei, eles querem esconder algo. Então deixe que eles escondam. Andei um pouco pelo meu escritório, não aguentei e decidi apostar tudo numa carta.

Liguei novamente para meu homem de contato no Palácio de Latrão.

"Você de novo", suspirou ele no telefone.

"Acho que sei por que acabaram com meu colega dos Estados Unidos: porque ele arrumou a lista de audiência. Na verdade só queria perguntar se posso escrever a respeito."

Ele ficou em silêncio por um momento, depois literalmente explodiu. "Pô, Andreas, eu te juro, se realmente tivesse sido como você disse, um engano, um acaso, então eu diria, escreva o que você quiser. Mas hoje falei por telefone com muitos médicos, a maioria nem era muito devota, e todos disseram que do ponto de vista médico é inexplicável. O que isso significa, você sabe. Talvez realmente tenha sido um milagre. Portanto, cale a boca." Ele desligou.

A coisa me pegou como um raio. Por isso queriam manter a lista em segredo, alguém que estava na lista tinha algo a ver com o milagre. Então olhei novamente a lista. Não percebi nada. Mas agora eu tinha um ponto de apoio. Peguei minha Vespa e fui para o Vaticano, para a fototeca.

Todas as audiências de um papa são fotografadas. Na época, ainda era Arturo Mari o homem que fotografava cada dia dezenas, às vezes centenas, de visitantes que davam a mão ao papa. Após as audiências, Arturo Mari ia até a fototeca do Vaticano, deixava os filmes para revelar e das fotos de todos os visitantes eram impressas cópias, centenas de pequenas fotos, de teste. Pilhas de papel fotográfico em que se viam pessoas que naquele dia deram a mão ao papa. Evidentemente, esses peregrinos queriam ter de qualquer jeito a foto que os mostrava ao lado do papa – e por isso havia a fototeca. Ali os visitantes podiam procurar nas cópias a foto em que estavam, escrever o número da imagem num papel e um dia depois recebiam uma grande e bela cópia da foto. A grande massa dos clientes da fototeca não era de pessoas muito importantes para que o papa lhes apertasse a mão. A maioria dos peregrinos simplesmente estava em algum lugar na grade de bloqueio e o papa passava por eles durante a audiência geral no papamóvel. Como os fotógrafos tiravam fotos enlouquecidamente, muitos peregrinos tinham a chance de receber uma foto em que eles e o papa podiam ser reconhecidos.

A fototeca está localizada na estranha zona cinzenta que já pertence ao Vaticano, mas na qual ainda é fácil entrar. Quem está na Porta Sant'Anna, a entrada principal para o Vaticano, via de regra é espantado pela Guarda Suíça e não pode simplesmente entrar no Vaticano, a não ser que diga que quer ir até a fototeca. Então se pode ir até o segundo bloqueio de segurança. À esquerda está o quartel da Guarda Suíça e a torre do banco do Vaticano IOR. Ali os gendarmes vigiam o acesso ao Vaticano e aqui termina para um visitante normal. Quem quiser ir para a fototeca deve ir para a direita, ao longo da entrada de fornecimento do supermercado do Vaticano até a redação do jornal diário do Vaticano, *L'Osservatore Romano,* onde se encontra a fototeca. Atrás de uma porta de vidro, sobre grandes mesas, estão as cópias das últimas audiências do papa. Pode-se adquirir papéis com as moças mais simpáticas que o Vaticano oferece, ver as cópias e anotar os números das fotos que se quer encomendar como cópia grande.

Como jovem jornalista, muitas vezes fui mandado para a fototeca para arranjar a foto de um presidente, político famoso, escritor, ator, que teve a honra de apertar a mão do papa. Na verdade, eles só apertavam a mão, mas no jargão do Vaticano isso se chamava "bacciamano", "beija-mão", pois cada fiel, por veneração a sua Igreja, beijava o anel de pescador na mão do papa. Para Karol Wojtyla, isso era vergonhoso: ele preferia simplesmente dar a mão às pessoas. Já me aconteceu várias vezes de ter ido apressadamente à fototeca, confiando absolutamente na minha formação, para depois constatar, suado, que a superestimei. Eu sempre precisava buscar a foto de alguma mulher ou um homem famoso que deram a mão ao papa. Mas quando eu estava diante das cópias, já não tinha mais certeza. O senhor grisalho era o presidente da Argentina, ou seria o senhor com o terno chique listrado? O homem que presenteou o papa com um poncho era o presidente ou o ministro das relações exteriores? Qual das fotos eu precisava encomendar? Havia um truque que não funcionava sempre, mas às vezes, quando não se estava certo quem, naquela longa sequência, era o presidente. Era só segurar a cópia contra a luz. Para encomendar uma foto, era necessário anotar o número num papel. Quase todos os clientes colocavam o papel sobre a cópia da foto. Portanto, quando se olhava as cópias contra a luz, dava para ver qual número tinha sido anotado com mais frequência. Às vezes o resultado era claro. Se dezenas de pessoas encomendaram, por exemplo, a foto de número 25, então colocaram o papel sobre a cópia e escreveram tão forte que dava para reconhecer o número na cópia. Via-se o número escrito dezenas de vezes, então se podia ter certeza de que a embaixada, a família do presidente, jornalistas, caçadores de lembranças encomendaram essa foto e que nessa foto estava o presidente. Assim saí algumas vezes do aperto.

Como a maioria da Guarda Suíça me conhece, nesse dia me deixaram passar com minha Vespa pela Porta Sant'Anna, depois fui para esquerda e estacionei. Como sempre, as moças na fototeca foram amáveis comigo quando lhes disse que queria ver as fotos da audiência daquele dia determinado do ano 1995. Eu percebi que lhes foi dito que essas fotos deveriam ser tratadas com cuidado especial, não eram para qualquer um. Mas eu tinha ido tantas vezes lá que elas não tiveram dúvida de se tratar de um procedimento de rotina. Supostamente, eu só queria a foto de algum prefeito da Alemanha que estava na terceira fileira ao lado do papa. Olhei para as cópias dos visitantes da audiência e inicialmente não notei nada – os rostos também eram muito pequenos para reconhecê-los de fato. Depois segurei a cópia contra a luz e percebi que alguém tinha tido interesse especial na foto de número 1.136. Procurei nas cópias a foto que correspondia ao número e fiquei pasmo. Eu conhecia muito bem o homem daquela foto e agora desconfiava do que tinha acontecido. Saí e me sentei na Vespa. Eu sabia exatamente para onde deveria ir agora.

A Igreja Santa Maria ai Monti estava a uns quinze minutos a pé do meu apartamento no Coliseu. Às vezes eu ia lá para a missa dominical por um motivo bem banal: a apenas alguns passos da igreja havia o melhor restaurante de Roma no que se refere a custo-benefício, na minha opinião. Podia-se comer ali na Via Panisperna uma grande quantidade de peixe por um bom preço. Eu não sabia o nome do padre da igreja, ela apenas fazia parte das igrejas perto da minha casa. Mas era evidente o destino do pobre D. Andrea. Eu me lembro que o notei em algum momento, porque estava no altar com os óculos escuros, interligado ao padre através de fone de ouvido e às vezes fazia o sermão durante a missa. Ele se movimentava na igreja com a ajuda de uma bengala, às vezes apoiado numa jovem mulher. Soube que era cego. O engajado jovem padre cuidava de um grupo de jovens que tinha graves problemas com drogas. Ele os ajudava a se livrarem do vício, alguns até chegaram a denunciar os traficantes. Não sei se é verdade. O certo é que D. Andrea estacionou seu carro na Via degli Annibali no dia 21 de dezembro de 1993 quando um grupo o assaltou e o espancou tão brutalmente que, por causa das graves feridas na cabeça, ele perdeu a visão. Ele é um homem jovem e esbelto, com barba e rosto típico de um romano. Ele parecia nascido para aparecer numa tragédia grega, e a vida realmente se tornou uma tragédia para ele. Seu sobrenome era de origem grega: Palamides.

Entrei na escura Igreja Santa Maria ai Monti e me sentei. Várias mulheres mais idosas estavam reunidas, era a tarde, elas iam cantar "Ave Maria". Descobri uma mulher mais idosa que me parecia conhecida; eu a vi numa ou noutra missa. Ela estava sentada no banco e olhava para o altar. Eu atravessei a igreja e me sentei com ela. Ela me viu, me reconheceu e entendeu imediatamente que eu aparentemente queria falar com ela. "O que é?" perguntou.

"É verdade que aconteceu um milagre, não é?"

Ela me olhou seriamente e balançou afirmativamente a cabeça. "Sim, aconteceu um milagre." Depois ela colocou o dedo sobre a boca. "Mas não podemos dizer nada. D. Andrea não quer. Eu também nem estava presente. O senhor vê a mulher com o véu preto? Ela estava presente."

Eu agradeci e fui alguns bancos adiante. Também a mulher com o véu preto me pareceu conhecida, ela acenou para mim, deve ter se lembrado de mim.

Ela me olhou de lado e perguntou baixinho: "Dizem que o senhor trabalha no Vaticano, não é?"

Afirmei com a cabeça.

"Eles te mandaram?"

Eu balancei a cabeça.

"Não", disse eu, "eu só quero saber o que aconteceu."

Ela olhou fixamente para o altar e contou baixinho, como se não falasse comigo, mas para alguém invisível que lhe escutava do altar. "Foi na noite de Páscoa. D. Andrea Palamides celebrava a missa com D. Gino d'Anna. Na verdade, a missa já tinha acabado. D. Gino d'Anna pediu para distribuirmos os panfletos para a festa da paróquia no dia 26 de maio. Eu vi como D. Andrea de repente foi tranquilamente, sem utilizar a bengala, do altar para a sacristia. Ali ele tirou os óculos de sol e olhou para uma menina que ajudou durante a missa. Ela se chamava Ilaria e ele lhe disse: 'Posso te ver.' D. Gino correu para a sacristia e depois saiu novamente da igreja e disse em voz alta: 'D. Andrea voltou a enxergar!' Sendo que os médicos tinham dito que não haveria chance, ele estava em tratamento há dezoito meses, sem melhora."

"Pouco antes do milagre ele teve uma audiência com o papa. É verdade?"

"Sim, é. Karol Wojtyla disse que rezaria por ele. O senhor sabe, D. Andrea não quer que falemos a respeito, e ele mesmo diz que quer manter o segredo para si. Mas aqui na paróquia não há dúvida de que o papa João Paulo II implorou por um milagre para D. Andrea."

NÃO TENHAM MEDO!

Arezzo, Toscana, outono de 1995. A história que muitos no Vaticano tomam como o milagre mais incrível da vida de Karol Wojtyla começou inesperadamente, para mim, no outono de 1995. Não descobri a primeira pista no Vaticano ou em Roma, mas algumas centenas de quilômetros de distância, na Toscana, perto de Arezzo. Em 1990 surgiu ali um projeto que admiro muito. Já em 1977, o bispo de Arezzo deu a um grupo de cristãos o vilarejo abandonado de Rondini, perto de Arezzo, que pertencia à igreja. Ali os cristãos colocaram a pedra angular para a realização de um sonho: eles queriam construir uma cidade de paz, uma cidade em que a paz estivesse em casa, da qual emanaria paz. Por isso, em 1988, o grupo viajou para a União Soviética e fez amizades. Por acaso, sem suspeitar o que ia acontecer, o grupo também fez bons contatos com a Chechênia. Essas relações se desenvolveram tão bem que o primeiro presidente da Chechênia, Dschochar Dudajew, ofereceu à Itália, em gratidão pelo apoio, dar nome de São Francisco de Assis a uma praça na capital muçulmana Grozny. Depois que a força aérea soviética bombardeou o aeroporto de Grozny, em dezembro de 1994, e começou a guerra da Chechênia, essa amizade do grupo de Rondini com russos e chechenos de repente se tornou geopoliticamente importante. No vilarejo perto de Arezzo foi negociado, atrás dos bastidores, um armistício de 72 horas na distante Grozny.

Dessa primeira ação de mediação surgiu, em 1997, uma ideia excelente: pessoas jovens, cujos pais pertenciam a povos inimigos, deveriam conviver, se conhecer mutuamente, desfazer preconceitos e, após um estudo, voltar aos seus países de origem como embaixadores da paz. Enquanto os soldados desses povos se matavam, esses jovens comiam e estudavam juntos. A convivência fez com que nenhum dos estudantes se imaginasse matando algum dia um colega de moradia, apenas por ser checheno ou russo. Depois se mudaram para esse belíssimo vilarejo, israelenses que conviviam com palestinos e libaneses enquanto seus povos atiravam uns nos outros. Os fundamentos para esse sonho foram as negociações secretas de 1995.

Mas para um especialista em Vaticano havia ainda outro motivo para ir a tal lindíssimo vilarejo afastado: um dos mais importantes apoiadores desse grupo era um devoto agente secreto, Domenico Giani, um especialista da polícia que trabalhava para o serviço secreto italiano (Sisde) e que nas horas de lazer cuidava da cidade da paz de Rondini. Já naquela época diziam que tinha um contato muito bom, porém também muito secreto, com o papa, o que mais tarde se confirmou. Em 1999, ele se tornou vice-comandante dos gendarmes do Vaticano, a polícia do papa, e em 2006, finalmente seu chefe. Havia boatos de que os colaboradores da "iniciativa de Rondini", graças ao seu contato com Domenico Giani, recebiam informações muito boas do Vaticano. Se era verdade, eu não sabia.

A viagem para Arezzo foi um sonho. Eu saí da rodovia perto de Orvieto e fui pelas estradas da Toscana em direção ao norte. À primeira vista, Arezzo parece uma daquelas cidades dos sonhos da Toscana com um sensacional mercado de antiguidades. Na verdade, Arezzo é uma das cidades mais misteriosas da Itália, o quartel-general secreto de 007. Em nenhum outro lugar vivi histórias tão estranhas com agentes secretos como em Arezzo. O agente secreto Licio Gelli, nascido em 1919, vivia ali em sua Villa Wanda, uma prisão domiciliar. Ele planejou um golpe de Estado na Itália em 1981 e fundou a misteriosa loja P2, fugiu várias vezes da prisão e foi novamente preso – e em Arezzo ele me contou sua vida. Agora, novamente um agente secreto desempenhava um grande papel, Domenico Giani.

A visita no vilarejo de Rondini era ao mesmo tempo impressionante e belíssima. Encorajava ver como esses cristãos tentavam, com pequenos passos, criar a paz num mundo ameaçado. À noite, estava sentado com um grupo de organizadores, bebíamos café e conversávamos sobre o Vaticano. Naturalmente não escondi que estava interessado em novidades, se é que o grupo sabia de algo.

Em algum momento tive que ir e levei minha xícara de volta à cozinha, quando uma pessoa da organização do grupo de Rondini parou ao meu lado.

"O senhor escreverá sobre nós?"

"Claro", disse eu, "com prazer, mas em troca eu seria grato se me contasse algo sobre o Vaticano que ainda não saiba."

"Há algo", disse ele em voz baixa.

"O quê?"

"Eles analisam um exame de sangue, isso deve ser ultrassecreto, mas há dias não se trata de outra coisa, só da investigação secreta de um exame de sangue."

"Obrigado", disse eu e voltei para Roma.

O PODER DO PAPA SOFREDOR

O papa está doente, pensei imediatamente, não pode ser outra coisa. Se eles fazem segredo da análise de um exame de sangue, então só pode ser por esse motivo. Karol Wojtyla está doente de novo e eles querem manter segredo. Já uma vez ele teve que superar uma grave infecção viral. Depois do atentado de 1981, soube que lhe foi fornecido sangue infectado por um vírus não descoberto. O papa teve que lutar durante meses contra o vírus. Eu tentava me lembrar se o papa parecia sofrer, especialmente nas últimas semanas e nos últimos dias, mas eu sabia que era um esforço sem esperanças. Karol Wojtyla nunca deixava transparecer o sofrimento. Eu me lembro de uma recepção na Organização das Nações Unidas para agricultura e alimentação (FAO). O papa proferiu um discurso, depois desceu as escadas e caiu no chão. Parecia mal, seu secretário, D. Stanislaw Dziwisz queria levá-lo imediatamente ao hospital, mas o papa se recusou. Ele insistiu em cumprimentar pessoalmente todos os aproximadamente duzentos delegados da FAO, apertar a mão de cada um. Somente depois deixou que o levassem ao hospital. E se revelou que ele dera a mão aos delegados com um braço quebrado. O papa João Paulo II não era homem inclinado a reclamar.

Quando um papa fica gravemente doente, algumas decisões precisam ser tomadas e dificilmente conseguem ficar em segredo. A primeira se refere à clínica Agostino Gemelli. Quando se prevê que o papa será internado, o apartamento reservado para ele precisa ser arrumado. Além disso, toda a clínica é mobiliada, porque a direção da clínica naturalmente sabe que, com o papa, virão centenas de jornalistas para sitiar durante dia e noite o hospital e colocá-lo por alguns dias ou algumas semanas quase diariamente nos noticiários. Por isso, o café é decorado, a entrada é limpa, novas flores são plantadas nos vasos diante da rampa de acesso. Principalmente os carros dos funcionários deveriam desaparecer do assim chamado morro das câmeras. Lá em cima ficariam as câmeras e os veículos de transmissão das emissoras, porque de lá se vê a janela do apartamento do papa, da qual João Paulo II às vezes costumava acenar e também rezava o Angelus. Para poder preparar tudo isso, cortava-se as férias de alguns empregados, outros tinham que voltar das férias. Na verdade, isso nunca acontecia completamente sem alarde. A cunhada de um fotógrafo amigo trabalhava na clínica Gemelli e eu liguei para ela. Mas ela disse que até aquele momento nada na clínica indicava que o papa viria. Será que conseguiram manter em segredo essa estadia no hospital, ou será que tratariam dele no Vaticano?

O segundo sinal seguro de doença do papa eram os avisos prévios para as paróquias romanas. Naquela época, o papa visitava com frequência, aos domingos, uma das mais de 920 igrejas de Roma. Na maioria das vezes bastava averiguar numa lista para imaginar qual seria a próxima paróquia e ligar lá. Quando o papa ficava doente, o respectivo padre tinha que ser avisado de que a visita dele eventualmente teria que ser adiada. Também dessa pista não resultou nada. Ainda havia uma terceira possibilidade para descobrir se o papa tinha ficado doente. Podia-se perguntar àqueles que tinham que saber; mas esse método só era aconselhável numa situação de absoluto desespero. Evidentemente, seu guarda-costa Camillo Cibin seria informado se houvesse uma estadia do papa no hospital ou se houvesse alguma mudança no decurso do dia porque tinha que ficar de cama. Mas Camillo Cibin silenciava de um modo muito duro. Dizia a lenda, que minha experiência confirma, de que não respondia nem mesmo à pergunta: "Que horas são?"

Também o médico, supostamente o mais famoso do mundo, o Dr. Renato Buzzonetti, que serviu a quatro papas, naturalmente teria que ser informado. O médico e fanático por música clássica, sobretudo a religiosa, falou somente uma vez de modo mais minucioso sobre o estado de saúde do papa, várias semanas após sua morte. Perguntar ao secretário D. Stanislaw Dziwisz já era proibido por si quando se ouvia seu apelido, "o calado".

Mas eu ainda tinha uma carta na manga. Em Trastevere morava um colaborador antigo do bispo que me casou com minha mulher em Roma em 1990, um velho e experiente prelado de que eu gostava. De vez em quando, eu visitava o velho homem. Ele vivia num desses apartamentos gigantescos que fazem parte do complexo do Vaticano em Trastevere. Comparado aos apartamentos das famílias romanas, em que, por falta de espaço, um ou outro precisa dormir no corredor, seu apartamento tinha a extensão de uma sala de estação. Mas, sem exceção, todos esses apartamentos parecem muito tristes. Os quartos estão entupidos com todo tipo de papelada religiosa imaginável, em todo lugar há papéis amarelados do Vaticano. Vários armários de parede são usados só para os escritos reunidos dos papas das últimas décadas, que naturalmente nunca são lidos pelos velhos senhores. Na sala de estar sempre há fotos com o religioso que ali reside com os papas. Todos, sem exceção, têm fotos com o papa João Paulo II, porque ele utilizou uma grande parte de sua vida recebendo milhares de padres. Alguns ainda têm uma foto com o papa Paulo VI e muito poucos uma foto de recordação com o papa João XXIII. Na mesa da sala de estar há quase sempre livros ilustrados de igrejas e capelas; ao lado, frequentemente o controle remoto para um velho televisor de tubo, a peça predileta dos velhos senhores. Todos usam pantufas, vivem sob o comando de empregadas dominadoras, e muitos estão amargurados, e principalmente solitários. Meu interlocutor também sofria com essa situação de dominação, mas não era amargurado nem solitário. Ele tinha excelente humor, apesar das tralhas no apartamento, das quais não conseguia se desfazer. Eu estimei quantas cargas de caminhão de escritos do Vaticano apodreciam lentamente nesse apartamento. Eram vários.

Como sempre, fiquei feliz em vê-lo; como sempre tomei um café muito ruim, feito por alguém que devia estar de infinito mau humor – e depois fui direto ao assunto. Ele ainda recebia muitas visitas de bispos e cardeais que se reportavam ao papa. Em primeiro lugar porque era agradável conversar com ele e em segundo lugar porque ele gostava de jogar cartas, pôquer ou gim-ramy.

"No Vaticano agora todos falam do exame de sangue."

Ele riu. "Eu sei, é maluco. De repente os juristas eclesiásticos e vigilantes da fé parecem ter se tornado médicos. Você não pode mais entrar em nenhuma sala que eles começam a cochichar do fator Rh, do hemograma, sobre o grupo sanguíneo A e B. É maluco. Todos me dizem isso."

"Mas que exame de sangue é esse do qual todos falam?"

"Ora, se é tão misterioso, então deve ser do papa. Eu estou quase cem por cento seguro sobre isso. Não posso imaginar que falariam tão detalhadamente sobre o hemograma de sua secretária, a irmã Tobiana, mas não sei de nada mais preciso", finalizou ele rindo. De repente ficou muito sério. "Eu sentiria muito se Karol Wojtyla estivesse de novo gravemente doente. Por isso sempre há tanta hipocrisia no Vaticano. Os prelados e os bispos e os cardeais não conseguem expressar o quanto sentem que o papa está doente. Esse Karol Wojtyla sofredor se tornou uma potência. Desde a operação no intestino, em 1992, dizem que sempre tem febre, e desde a operação nos quadris, em abril de 1994, parece que nunca mais ficou sem dores, ele não consegue sentar, nem andar, nem ficar em pé sem sentir dores."

"Eu sei", disse eu, "ninguém pode dizer, mas todos sabem que a operação nos quadris foi um erro, alguém cometeu um engano aí."

"Mas exatamente esse papa sofredor e lutador", completou meu interlocutor, "se tornou uma incrível potência. Pense! Hoje as coisas acontecem como antigamente seria inconcebível. Mesmo a ortodoxia, que nos odeia há quase mil anos, de repente quer se reconciliar com Roma, os chefes de Estado aparecem no Vaticano, novamente temos a juventude ao nosso lado. Pela primeira vez desde séculos somos alguém no cenário político mundial, e isso graças a um homem e seu sofrimento, porque ele é tão infinitamente convincente, um lutador que mostra algo único: que a religião pode fazer bem, que papas podem fazer mais do que se deixar carregar numa cadeira na Basílica de São Pedro, que podem criar paz sem possuir um exército. Os soviéticos passaram por isso."

*

Eu sabia que ele tinha razão. Nisso estava arraigado o milagre que Karol Wojtyla realizou em mim pessoalmente: em todos esses anos em que segui esse papa que ficava cada vez mais fraco, percebi que esse homem que não possuía nada além de suas mãos vazias e sua fé, conseguia assim mudar o mundo para melhor. Não foi a máquina midiática do Vaticano. Foi ele. Ele somente estava ali, com sua bengala na mão; as costas do velho alpinista ficaram curvadas, o aperto de mão ficara fraco, ele deu tudo o que poderia dar de si. Agora vocês têm que decidir, essa era a mensagem desse homem. Agora vocês têm que decidir se eu fiz bem, se eu trouxe Deus para mais perto de vocês – e ele o fez bem. Mesmo que eu me engane em relação aos milhões de pessoas as quais suponho que ele transformou, de uma coisa estou absolutamente certo: em minha insignificante vida ele o fez bem. Para mim, o mundo se tornou outro desde que o conheci. Eu não podia mais parar de pensar: e se esse Karol Wojtyla tem razão, e se realmente existe um Deus?

Esse homem do lugarejo Wadowice, na Polônia, esteve comigo quando minha mãe, que nascera na atual Polônia, estava no leito de morte num hospital em Hamm, na Westfália, quando seu olhar em agonia sempre se dirigia para a magra cruz de bronze na parede ao meu lado. Como se ele me conhecesse e a conhecesse, sua mensagem foi: "Não tenham medo!" Pois foi isso que determinou o interior de minha mãe: medo. Medo por mim, medo por não saber como continuaria uma família que, de seu ponto de vista, tinha que ter medo da pobreza. Sua arma contra tudo fora o amor. Nessas noites em que lutava contra a morte, ela me olhava, e em seus olhos eu vi que pensava: "Pelo menos o Andi está aqui." Eu não consegui lhe tirar o medo, só consegui estar presente e ter esperança com ela, pois Karol Wojtyla tinha tirado o meu medo, pelo menos uma grande parte dele.

Ele nunca foi uma majestade, nunca quis sê-lo. Wojtyla foi um ser humano, não uma figura, uma máscara, mas um ser humano que durante toda sua vida amou as pessoas, todas as pessoas. A mídia, naturalmente eu também, tinha rido dele. Tinha rido de sua tentativa de alcançar os jovens. Parecia uma piada sem graça que um homem velho quisesse ser aceito em todo o mundo por milhões de jovens, e com algo tão antigo como a mensagem da Igreja católica. Nem mesmo a indústria do entretenimento consegue alimentar os jovens do mundo com modas constantemente novas. A moda muda a cada semana, os brinquedos eletrônicos já parecem antigos quando chegam ao mercado, e esse homem da Polônia queria vender a mensagem com dois mil anos de idade de um filho de marceneiro de Nazaré? E quando conseguiu, o mundo não compreendeu que vários milhões de jovens não só iam à Love Parade, mas também peregrinavam para o papa. Cada um que esteve presente naqueles anos sabe por que Karol Wojtyla conseguiu conquistar os jovens, entusiasmá-los. Ele levava a sério o que dizia. Ele não fazia tudo aquilo para ganhar dinheiro ou ser reeleito; ele não queria ensinar as pessoas. Ele acreditava no que dizia e estava pronto a dar tudo por isso. E ele também sabia que muitos no Vaticano lhe davam as costas exatamente quando era necessário.

Nunca tinha visto isso de maneira tão drástica como no dia 8 de novembro de 1999. A delegação do Vaticano chegou da Índia e todos tinham se intoxicado com a comida na nunciatura em Nova Délhi. Os cardeais sofriam de dores de barriga, arrepios, febre alta e depois do pouso em Tiflis, na Geórgia, todos fugiram o mais rápido possível para o hotel ou para a nunciatura, para quartos e camas confortáveis. Eles deixaram Karol Wojtyla voar sozinho para a antiquíssima catedral em Mtskheta para um encontro com os bispos da Geórgia, o papa que estava igualmente doente, que tremia tanto que não conseguia segurar uma vela. Na época eu temia que ele perdesse a consciência.

*

Às vezes eu me envergonho por todos esses anos, me envergonho de tê-lo olhado durante duas décadas, de não tê-lo perdido de vista, mesmo quando ele simplesmente não podia mais. Ele não só o suportou como ele assim o quis. Essa era sua mensagem. Teria sido tão fácil para ele dizer simplesmente: agora chega! Eu não posso mais. Eu fico no Vaticano e não quero mais essas centenas de câmeras, mas ele não o fez. Ele queria até o fim ser um pescador de homens, como Pedro. E para mim é muito difícil acreditar que Deus não existe quando me lembro como o vento folheou a Bíblia sobre seu caixão.

Como ele disse no dia 29 de maio de 1994: "Quando estou diante dos poderosos do mundo..." e já essa parte da frase era incrível. Todos os poderosos do mundo, Mikhail Gorbachev, Ronald Reagan e Helmut Kohl e muitos outros já tinham reconhecido que ele era um dos homens mais influentes do mundo. Mas ele mesmo não via a coisa assim, ele não se contava entre os homens poderosos do mundo, ele se via diante dos poderosos como um mendigo. Então, na época, ele disse: "Quando estou diante dos poderosos do mundo, então o que posso dizer a não ser falar sobre o sofrimento? Eu quero lhes dizer: compreendam por que o papa precisa ir novamente ao hospital, porque ele precisa sofrer, compreendam, pensem sobre isso." A debilidade do homem Karol Wojtyla tornou-se uma parte importante de sua mensagem, ele parecia ser um montezinho de miséria, mas acompanhado por um Deus todo poderoso. "O Papa escreveu quatorze encíclicas, e uma, a mais importante e última, ele não escreveu, viveu-a. Seu sofrimento se tornou parte de sua mensagem." Assim descreveu o então porta-voz do papa Joaquín Navarro-Valls depois da morte de Karol Wojtyla.

E agora, aparentemente, esse papa estava novamente doente, tão doente que examinavam em segredo seu sangue. Será que Deus deixava esse homem sofrer para mostrar que o homem era seu instrumento e falava em seu nome? Era nisso que o papa acreditava.

"Talvez você devesse marcar uma hora no convento, se você quer descobrir como ele está.", complementou o velho senhor no fim de nossa pensativa conversa. Claro, eu também já tinha pensado nisso.

"Tudo bem", disse ele enfim, "eu marco uma hora para você".

O JARDIM PARADISÍACO DO SILÊNCIO EM ROMA

O "convento" fazia parte das bolsas de informação mais importantes de Roma; hoje, infelizmente, perdeu esse privilégio porque simplesmente não existe mais essa fonte de informações do Vaticano. O convento era importante desde 1992, porque o outrora sete vezes primeiro-ministro e que fora nomeado senador vitalício, agora finalmente podia dedicar-se aos seus temas prediletos: o Vaticano, a Igreja Católica e a política, e para passear ia ao convento. Mas no convento raramente o chamavam pelo nome ou pelo título "presidente", que um primeiro-ministro italiano mantém durante toda vida, mesmo quando não está mais no cargo. Eles o chamavam pelo seu apelido: "La volpe", a raposa.

O convento está situado numa das praças mais bonitas de Roma, a Piazza dei Santi Giovanni e Paolo. Ali se pode experimentar algo que de outro modo só é possível com dispendiosos truques cinematográficos: uma viagem no tempo. Quem passa pelo portão para a Via de San Paolo della Croce entra em outro mundo, entra numa Roma como era há mil anos. O Convento dos Passionistas parece preso num sono mágico. Do outro lado estão os estúdios da emissora de televisão de Silvio Berlusconi, Canale 5; ali, mulheres parcamente vestidas dançam de um modo quase inaceitável para religiosos. Em nenhum outro lugar de Roma o sagrado e a tentação estão tão próximos. O Convento dos Passionistas possui um enorme parque, suficientemente grande para treinar uma tropa e, às vezes, quando estive lá, me agoniava uma inveja profana. Eu mesmo vivi meia década nesse bairro e sei quantos pais são felizes ali de ter um terraço em que as crianças podem ao menos respirar um pouco de ar, porque mover-se ou brincar nos dois metros quadrados é impossível. Mas o que os pais podem oferecer a seus filhos? Brincar na rua é perigo de vida em Roma, e parquinhos ainda não existiam nesse bairro. Quantas centenas de crianças poderiam brincar nesse parque dos passionistas, penso cada vez em que passeio ali com os velhos senhores.

Meu conhecido de Trastevere marcou uma hora com um padre passionista, ao qual me vinculava uma amizade. Na época ele já escrevia há anos sobre as histórias de vida de irmãos especialmente devotos da ordem. Ele me recebeu e me convidou para um passeio no parque. O convento está construído sobre os muros de uma casa romana, o gigantesco parque do Imperador Nero está imediatamente ao lado. A vista para o vale do Coliseu e o bairro San Giovanni, com a Basílica de Latrão, é impressionante. Oficialmente, Giulio Andreotti vinha aqui somente para passear, mas a cena política de Roma sabia que aqui, onde não podia ser vista, travava contato com a cúpula da Igreja católica. Discretamente, os religiosos vinham para o convento para travar conversas que não interessavam a ninguém. Na época ainda havia uma tradição que foi interrompida com a morte de Karol Wojtyla. Em muitas viagens internacionais, o papa, como contrapartida, exigia a libertação de presos que estavam cumprindo pena por sua convicção religiosa ou política. Naquela época os senhores do Vaticano gostavam de preparar tais operações delicadas com a ajuda de homens que podiam puxar os fios nos bastidores, como Giulio Andreotti, que possuía excelentes relações com o mundo árabe.

Nesse extenso parque passeei um pouco com o padre passionista até me atrever a falar sobre minhas suposições.

"No Vaticano todos cochicham sobre um exame de sangue. Acho que não querem dizer que o Santo Padre está de novo gravemente doente."

"Ah, é? Você acha? Ele me pareceu totalmente normal durante a última audiência geral."

"Eu te digo, algo não está bem. Você não poderia perguntar para o visitante de vocês, quero dizer, com certeza ele sabe de alguma coisa."

Ele parou e me olhou: "Naturalmente, isso está fora de consideração. O presidente vem aqui somente para ter sossego e descansar."

Também eu agora o olhava nos olhos, e o resto da conversa transcorreu com olhares e não com palavras. Meus olhos lhe diziam: "Pare com essa besteira. Eu sei exatamente que vocês aqui estão com ele." Em seu olhar estava escrito: "Tudo bem, eu perguntarei, mas nunca vou confessar que ele faz outra coisa aqui além de cheirar as rosas."

"A RAPOSA" E OS MOTORISTAS DO VATICANO

Uma semana mais tarde eu liguei para ele e sua reação no telefone me revelou imediatamente que ele descobriu alguma coisa de que gostou bastante. Ele estava expansivo e, quando perguntei se eu o poderia visitar em breve, me disse que o melhor seria vir logo no dia seguinte.

Novamente deixei que me levassem até sua cela, e novamente propus irmos para fora. Na época, era completamente normal levar conversas delicadas com cardeais ou bispos do Vaticano ao ar livre. Um típico resquício da Guerra Fria. Pois naturalmente todos no Vaticano sabiam que Karol Wojtyla sempre conversou ao ar livre durante seu tempo como bispo da Cracóvia, porque seu apartamento estava grampeado. Os poloneses nem se deram ao trabalho de esconder os microfones, e o papa, para raiva da polícia polonesa, riu das ações de escuta. Ele frequentemente brincou com os soldados que o grampeavam, desejando-lhes bom divertimento na escuta. Às vezes ele lhes mostrava que deveriam envergonhar-se, outras lhes informava o que havia para o jantar e que, apesar de ouvirem o barulho dos talheres, não podiam ver o que o bispo da Cracóvia comia. Naquela época, Karol Wojtyla tomou a medida cautelar de travar todas as conversas importantes ao ar livre. Eu não sei se o serviço secreto italiano grampeava os conventos, acho que não, mas é possível.

Tínhamos dado alguns passos – novamente fiquei surpreso como no meio desse caos de cidade pode existir tal ilha de silêncio e ar puro – e ele logo começou. "Então, seu faro não é mais aquele como já foi."

"O que você quer dizer?"

"Você estava totalmente equivocado, totalmente."

"Então o papa não está doente?"

"O papa está ótimo, suas especulações sobre uma doença passaram raspando."

"É preciso saber perder. Então, do que se trata o caso do exame de sangue? Não é o exame dele?"

"Não, não é dele. Trata-se de um milagre."

"Um milagre?", disse eu surpreso.

"Sim, um milagre. É um milagre, mas você precisa calar a boca."

"Que milagre?"

"Não sei. Meu informante disse que esse milagre literalmente chocou os altos senhores no Vaticano. Ele está convencido de que ninguém falará a respeito. Ele mesmo não me disse nada além de que se trata de um milagre incrível."

"Ele não sabia de mais nada?"

"Sim, ele ainda disse uma coisa, mas isso não te interessará muito. O Vaticano se pergunta se São Quintino, o mártir, realizou o milagre."

"O que isso significa?"

"Isso é óbvio. São Quintino é um padroeiro do calendário, isso significa que o milagre aconteceu em 31 de outubro, há treze dias."

*

Voltei de Vespa para o Vaticano. Eu sabia o que tinha que fazer agora, mesmo que a chance não fosse muito grande. Quando se acreditava, no Vaticano, de que poderia ter acontecido um milagre, agora e não há quinhentos anos, então a responsável era a Congregação para a Doutrina da Fé. A primeira seção tinha que investigar a coisa e seu trabalho consistia em descobrir se era fraude. Porém, os padres de lá estavam obrigados ao mais absoluto silêncio. Quando investigavam um milagre, a tentativa de fazê-los falar era completamente em vão.

A Via della Conciliatione é uma avenida construída por ordem de Benito Mussolini que liga em linha reta o rio Tibre com a Basílica de São Pedro. Do ponto de vista arquitetônico, essa avenida é um dos maiores crimes de Roma. Todo o bairro que existiu nesse lugar foi demolido. Havia pequenas e angulosas ruelas e o genial arquiteto Gian Lorenzo Bernini, que construiu as colunas diante da Basílica de São Pedro entre 1656 e 1667, apostou no efeito de que o visitante saísse da confusão de ruelas e entrasse na Praça de São Pedro e com esse contraste sentisse imediatamente a grandeza e o esplendor únicos. O não criativo Mussolini não entendeu essas sutilezas do barroco, simplesmente demoliu tudo e eliminou esse efeito. Nessa avenida se pode ver diariamente as limusines azuis do Vaticano, um tipo de serviço de táxi do papa. Cada prelado, bispo, cardeal, cada um que é minimamente importante no Vaticano, pode requisitar aos elegantes senhores nas limusines azuis, para que o levem a qualquer lugar. Tudo é muito barato, o papa patrocina esse serviço. Viagens que normalmente custariam 60 euros, ali custam 15; com isso os motoristas frequentemente não conseguem nem pagar a gasolina. Todo mundo em Roma conhece as limusines com a plava SCV (Stato della Città del Vaticano) e os elegantes motoristas que à primeira vista parecem muito devotos.

Na verdade, os homens do serviço de limusines são empregados normais, mas que têm o estranho destino de ter que guiar constantemente para devotos religiosos. Mas eles não conversam o dia todo sobre a Bíblia ou rezam o terço ininterruptamente, mas falam sobre temas que motoristas falam. Por exemplo, sobre o enorme bispo dos Estados Unidos que sempre reclama que não tem bastante espaço, mesmo quando o assento do passageiro foi empurrado para trás. Existe o religioso apressado que apressa os motoristas para que ele não perca seu avião, e há aqueles que só fingem ter um compromisso para poder desfrutar de um passeio. Em Roma ainda se lembra de uma peculiaridade do chefe da conferência dos bispos alemães, cardeal Karl Lehmann. Ele se interessava por tudo o que era tecnológico, gostava de conversar com os motoristas sobre como funcionava um sistema de navegação. Mas os religiosos que fazem os motoristas esperar durante horas são odiados. Infelizmente, é um mau costume muito difundido no Vaticano deixar os motoristas esperarem em vão. O problema é sempre o mesmo: os senhores mais velhos da Igreja requisitam o motorista, vão a determinado lugar e prometem demorar apenas alguns minutos. Mas, uma vez na conversa, lembram-se dos tempos passados e de papas há muito falecidos, e os homens do serviço de limusine em frente ao prédio tomam um chá de cadeira. Eles não podem simplesmente ir embora, e também não conseguem falar com o passageiro, porque a maioria dos religiosos tem uma aversão obstinada a algo tão moderno como um telefone celular.

Fui até a Via della Conciliazione, sentei no sol e esperei. Eu tinha o dia livre e nada para resolver. E não demorou até que eu vi na longa avenida o primeiro motorista nervoso ao lado de sua limusine azul. Ele tentava esconder que estava prestes a explodir; eu podia imaginar que um religioso mais idoso devia ter esquecido novamente o motorista que esperava.

Fui até ele, nos cumprimentamos. O Vaticano é tão pequeno que na verdade todo dia encontramos as mesmas pessoas, depois de mais de vinte anos, se conhece quase todo mundo lá.

"Você quer tomar um café?"

Ele fechou enfurecido a porta do carro, apertou o controle remoto para trancar. "Isso aqui deve demorar mais um pouco."

Pedimos café e ficamos no balcão. Ele dava livre vazão a sua raiva. "Você entende, eles são os altos senhores e acham que podem tudo. Simplesmente não têm respeito pela gente. Então, se eu digo: "Iminência, também quero ter fim de expediente" ou "ir para casa e ver minha família que espera por mim", dizem que sou preguiçoso. Esqueça."

"Eu queria te perguntar algo", tentei desviá-lo de sua raiva.

"Isso agora não me espanta", disse ele.

Os motoristas do Vaticano eram, na época, fontes de informação muito requisitadas, poucos meses antes tiveram um papel de destaque no caso do polêmico milagre de uma estátua da Nossa Senhora que supostamente lacrimejava. Entre 2 de fevereiro e 15 de março de 1995, uma pequena estátua de gesso da Nossa Senhora em Civitavecchia, perto de Roma, chorara lágrimas de sangue. Se os religiosos considerassem isso fraude, então, além de cartas maldosas do Vaticano, não haveria nenhuma reação. Mas, se os cardeais acreditavam em um milagre, então eles iriam para lá – usando o serviço de limusines. Na época, somente os motoristas sabiam o que o Vaticano realmente pensava: se é uma fraude besta ou um bendito milagre. Finalmente se revelou, naquela ocasião, de que era ambos: o cardeal Joseph Ratzinger considerava besteira. E foi tão longe que proibiu o bispo Girolamo Grillo de falar a respeito. O amigo mais íntimo do papa João Paulo II, o cardeal Andrzej Maria Deskur foi até lá para venerar o grande milagre. Somente assim soubemos que no Vaticano havia aficcionados do milagre das lágrimas.

Se o milagre relacionado com o exame de sangue também tivesse acontecido fora de Roma, então poderia ser que os motoristas soubessem a respeito.

"Me diga, nos últimos tempos houve requisições para viagens de limusine da Congregação para a Doutrina da Fé?"

Ele balançou a cabeça, depois riu. "Eu conheço um monte deles que trabalham lá. Eles andam de mobilete. Levamos o cardeal para o aeroporto e de volta, mas mesmo isso raramente."

"Quero dizer, há viagens estranhas, você sabe, como Civitavecchia?"

"A Nossa Senhora que chorava sangue?"

"Exatamente."

"Não, nos últimos tempos parece que não, perceberíamos."

"Trata-se de um espaço de tempo bem determinado, dos dias depois do 31 de outubro."

"Não sei", disse ele.

"Você pode se informar?"

"Tudo bem", prometeu, "vou tentar."

Agora era a minha vez. Ele pediria seu preço – e esse sempre era o mesmo, todos os conhecidos no Vaticano queriam a mesma coisa.

"Diga, você também pode me fazer um favor?"

"O quê?"

"Pois bem, quero ir para Oktoberfest."

"Você também? Metade do Vaticano vai para lá."

"Você pode me dar algumas dicas? Como chego lá sem gastar muito, há hotéis baratos, em qual tenda devo me sentar? Coisas assim."

"Eu vou escrever para você", prometi a ele. Já fiz isso algumas dúzias de vezes. Eu mesmo nunca estive lá, mas já ajudei meia centena de trabalhadores do Vaticano na visita à Oktoberfest.

Alguns dias mais tarde deixei o bilhete com as instruções para a Oktoberfest na entrada da sala de imprensa e, após alguns dias, ele me ligou agradecendo. Ele ainda tinha todo tipo de pergunta e queria saber se na Oktoberfest também havia cervejas pequenas, para a mulher. Quando discutimos todas as questões, chegou a minha vez.

"E aí, perceberam alguma coisa com relação à Congregação para a Doutrina da Fé?"

"Não, sinto muito. Nada. Eu andei perguntando. Não houve requisições da Congregação para a Doutrina da Fé nos dias depois do 31 de outubro. Mas houve uma viagem esquisita ao contrário. Um colega se lembrou que no dia 1° de novembro ele levou um homem à Congregação para a Doutrina da Fé, um padre da Ásia ou da América do Norte, que estava muito agitado e o tempo todo tagarelava algo sobre um milagre."

"Um milagre?"

"Mas ele nem desceu na Congregação para a Doutrina da Fé, pois não havia mais ninguém ali; então ele mandou o motorista levá-lo de volta. Isso é tudo."

"Isso não é muito. Você disse asiático ou norte-americano?"

"O colega não se lembrava mais exatamente, em todo caso, o padre falava inglês."

"A Ásia e a América do Norte são grandes, e padres que falam inglês existem aos montes. Ele não se lembrava do nome? Quem dos colegas foi?"

Ele disse um nome que não me dizia nada; mas quando descreveu o homem como grande e encorpado, eu sabia de quem estava falando. Encontrei o respectivo motorista alguns dias mais tarde na Via della Conciliazione, isto é, ele estava ao lado de seu carro – e esperava nervoso.

Ele se lembrava do homem. "Era um padre pequeno, muito exaltado, o tempo todo tentou explicar-me algo, mas você sabe, eu não falo inglês, só entendi que ele sempre dizia *mirrecle.*"

Ele queria dizer a palavra em inglês "miracle", milagre.

"Você não se lembra de seu nome?"

"Não. Sim. Espere, ainda havia uma coisa, eu devia explicar-lhe algo. O que era mesmo? Ah, sim, ele queria saber como chegar a Orvieto e ao mar Adriático. Eu ainda me lembro que perguntei o que ele queria fazer lá. Ir nadar?", ele riu.

"Obrigado!"

Peguei minha Vespa e ele ainda acenou.

NO CENTRO DOS MILAGRES DE SANGUE

E o que eu sabia agora? Nada. O Vaticano cochicha sobre um milagre que estaria relacionado com um exame de sangue. Momento: 31 de outubro de 1995. Um dia depois um padre histérico é levado para a Congregação para a Doutrina da Fé, mas ele não entra lá. Em vez disso, pede que lhe digam o caminho para Orvieto e para o Adriático. Por quê? O que queria ali? Será que esse padre, seja de onde for, sabia algo sobre o milagre, será que queria falar com a Congregação para a Doutrina da Fé por isso? Mas o que queria então em Orvieto e no Adriático?

Se os homens do serviço de limusine não se lembravam do nome, nem de que país ele vinha, então a busca não tinha esperança. Além do boato de que algo devia ter acontecido no dia 31 de outubro de 1995 e que isso estava relacionado com a análise de um exame de sangue, eu não sabia de nada.

Esqueça, disse eu. Simplesmente esqueça. E então tive sorte. Alguns dias mais tarde fui para Orvieto para ver uma nova exposição no museu da diocese. Eu conheço um monte de católicos, até alguns que têm folga no dia de Corpus Christi e não sabem que Orvieto, essa cidade na Úmbria, está vinculada de modo especial com a festa de Corpus Christi. Quando criança, eu ia com minha mãe para a procissão de Corpus Christi e depois para o cemitério. Nós ornamentávamos o túmulo dos meus avós, e assim se desenvolveu na minha cabeça a peculiar ideia de que essa festa tem a ver com o adorno dos túmulos, e os cadáveres no túmulo ficariam felizes com isso. Quando contei essa versão para minha mãe, ela não parava de rir. Mas também ela não sabia o que a festa tem a ver com essa maravilhosa cidade na Itália.

Cada turista na Itália deveria dar-se o luxo, uma vez na vida, de ir no inverno, quando a neblina sobe do rio Tibre, de Bolsena em direção a Orvieto. Nessa época parece que a cidade flutua sobre as nuvens. Lá embaixo está a neblina, e acima, no rochedo, reluzem no sol a fachada branca da enorme igreja e os palácios. O papa Urbano IV ficou tão impressionado com um milagre no lago Bolsena, em agosto de 1264, que introduziu a festa "Corpus Domini", Corpus Christi. Em Orvieto são guardadas as provas desse milagre. Um padre da Boêmia, supostamente chamado Pedro de Praga, celebrou uma missa sagrada em Bolsena, e como ele não estava muito convencido de que Cristo realmente estava presente na hóstia, o céu lhe mandou um milagre. A hóstia se transformou em carne. Esse pedaço de carne fresca pingou sangue na toalha do altar e esses pingos são adorados na maravilhosa igreja de Orvieto. Além disso, quem quiser ver de onde Michelangelo Buonarroti tirou as ideias para o afresco do julgamento final na Capela Sistina, deveria ver de qualquer maneira a capela da Madona de Luca Signorelli, no Domo de Orvieto.

Na época me sentei na catedral e olhava para os afrescos, de repente vi, alguns metros adiante, um conhecido das termas em Viterbo. Antigamente, os papas eram levados de carroça para as termas e entravam na água através de um buraco no chão da cabine, de modo que ninguém podia vê-los. Hoje, as termas são uma atração turística ótima para um bom descanso. Pode-se deitar como uma foca no banco de areia na água morna e conversar com conhecidos; quem tiver vontade vai nadar na parte funda da piscina. O jovem me reconheceu e nos sentamos do lado de fora no sol.

Conversamos um tempinho e depois eu falei: "Eu procuro alguém aqui, mas acho que não tenho chance de encontrá-lo."

"Em Orvieto?", perguntou surpreso. "Orvieto é pequena demais para se esconder. Quem é?"

"Um padre, americano ou asiático, ele deve ter vindo para Orvieto nos primeiros dias de novembro."

"E o que ele fez aqui?"

"Eu não faço ideia. Acho que ele viveu um milagre em Roma."

"Um milagre, que milagre?"

"Eu não sei."

"Bom, pelo menos você tem uma pista. Se ele foi um padre devoto que veio para Orvieto no dia 1° de novembro, então sem dúvida esteve no domo."

"Mas acho que ali também estiveram centenas de outros."

"Você não tem ideia de como ele era?"

"Não, somente que ele deve ter vivido um milagre."

"Pois bem", disse, "eu perguntarei para minha tia. Ela reza o terço todo dia com suas amigas devotas no domo, talvez ela se lembre."

*

Dois dias mais tarde tentei curar um leve resfriado nas termas de Viterbo. Eu estava na água quente quando revi meu conhecido de Orvieto. Ele estava sentado na água suando e de seu rosto brilhante deduzi que ele tinha algo a me dizer.

"Eu o encontrei!"

"Quem?"

"O padre que deve ter estado em Orvieto no dia 1º de novembro. Minha tia realmente se lembrou de um padre que veio para a igreja, rezou com elas e o tempo todo falava que viveu um milagre em Roma."

"O que exatamente ele disse?"

"Não faço ideia. Minha tia só sabe algumas palavras em inglês. Mas ela lembrou que uma amiga tentou explicar com as mãos e os pés como ele podia chegar ao Adriático, em Lanciano. Ele queria ir de qualquer jeito para lá, para nossa cidade irmã."

De repente fiquei gelado na água quente. Ele está ali, pensei, ele precisa estar ali.

NA BUSCA

Algumas horas depois que começou no Vaticano o grande cochicho sobre um exame de sangue supostamente relacionado com um milagre, um homem misterioso foi chamado para a Congregação para a Doutrina da Fé para informar um milagre. Depois ele foi exatamente para as duas únicas cidades deste mundo que, do ponto de vista da Igreja católica, têm uma relação mais estreita com sangue: Orvieto e Lanciano. Isso não podia ser acaso. Em Orvieto se venera a recordação do inconcebível milagre do lago Bolsena, onde supostamente pingou sangue de uma hóstia sobre a toalha do altar. Em Lanciano é guardada uma relíquia ainda mais inacreditável, uma hóstia de carne e sangue humanos. Mas por que esse homem misterioso que soube desse milagre foi primeiro para Orvieto e depois para Lanciano? O que procurou ali? Além de que falava em inglês, eu ainda não sabia nada sobre ele. Não conhecia nem seu nome nem de onde vinha.

Peguei um dia de férias e fui até Lanciano, no mar Adriático. Cada vez que chego ali, me espanto de como esse lugar de peregrinação é pouco conhecido. Em Lourdes, os peregrinos só podem ver a gruta em que a mãe de Deus supostamente apareceu, em Fátima não existem mais nem as raízes da árvore em que deve ter aparecido. Mas em Lanciano se pode ver um objeto que é tão incrível, que durante séculos foi considerado mera falsificação. No século passado, os cientistas queriam desvelar definitivamente o objeto tido como mera falsificação durante mais de um milênio dentro da Igreja. Porém, aconteceu algo que ninguém contava: a ciência moderna forneceu fundamentadas dúvidas de que se tratava realmente de uma falsificação.

No século VII, talvez um monge na cidade de Lanciano duvidou de que a hóstia realmente contivesse a carne e o vinho, o sangue de Jesus Cristo. Durante uma missa, a hóstia se transformou em carne e o vinho, em sangue. Comprovou-se que a hóstia é adorada como relíquia desde o ano de 1300. Já na Idade Média só poucos peregrinos acreditavam na história. Enquanto o Monte Sant'Angelo, que está situado nas proximidades, com a assim chamada gruta onde o arcanjo Miguel supostamente lutou contra o diabo, tornou-se, ao lado de Roma e Jerusalém, um dos mais importantes locais de peregrinação, ninguém se interessava por Lanciano. A ideia de que durante a transubstanciação o pão poderia transformar-se em carne real parecia pouco confiável até para um simples e ingênuo fiel da Idade Média. Nos anos de 1970 e novamente em 1981, a direção da diocese de Lanciano encomendou uma análise da hóstia supostamente sangrenta. Os guardiões da hóstia, os monges franciscanos, concordaram e encarregaram o médico legista Eduardo Linoli para examinar a hóstia. O professor chegou a um resultado incrível: "Com os métodos à disposição em 1300, não era possível produzir essa relíquia como falsificação. O que quer que seja, não é uma falsificação." A direção da igreja não poderia ter ficado mais surpresa. Esperava-se que se tratasse de mera falsificação, de um pedaço de carne de um animal que, colocado em conservantes da Idade Média, em algum momento foi colocado numa bacia de relíquias. Mas os cientistas comprovaram: era uma parte do músculo do coração de um homem.

Comparado com as mega igrejas de lugares de peregrinação, como Santa Maria de Guadalupe, no México, ou Fátima, a Igreja de São Francisco em Lanciano é minúscula. Uma instalação esquisita, um tipo de véu preto e transparente, guia o olhar do visitante para a hóstia. Eu me sentei no banco da igreja e olhei para o altar onde a hóstia é guardada. Quem seria o falsificador que teria produzido o estranho objeto? Ou realmente era um milagre? A investigação do professor Eduardo Linoli esclareceu nitidamente uma circunstância: a relíquia supostamente apareceu no ano 700 e com certeza pôde ser comprovada no século XIII. Mas, nessa época, era proibido fazer a autópsia de um cadáver, existia pena de morte para isso. Portanto, não havia experiências com a produção de preparados do corpo humano; além disso, ainda não havia instrumentos apropriados para recortar tal preparado de um músculo do coração. Mas então, como a finíssima fatia do coração humano foi parar no recipiente?

O professor Linoli procurou especialmente por uma pista clara dos falsificadores. Se tivessem colocado um pedaço de carne fresca no recipiente, então já teria se desintegrado há tempo. Só havia uma possibilidade. Era necessário conservá-lo, mumificá-lo para que ficasse preservado. Na Idade Média se conheciam técnicas muito simples de mumificação, muito mais primitivas do que no Egito antigo. Para fazer com que a carne ficasse preservada, eles teriam que misturar produtos químicos e esses produtos ainda seriam comprovados atualmente. Mas essa fatia do músculo do coração indubitavelmente não mostrava traços de conservantes. O professor Eduardo Linoli não encontrou nenhum produto químico, nada que poderia ter sido usado numa mumificação. Então, por que o tecido não se desintegrou? Segundo a opinião do professor, isso era impossível. Ainda outra coisa intrigou profundamente o professor: o pedaço de coração humano parece ter sido retirado de um homem ainda vivo. O professor não conseguiu constatar traços de *rigor mortis*, o que seria comprovado se o pedaço fosse parte de um cadáver.

Portanto, como falsificadores no século XIII poderiam ter produzido uma fatia tão fina de um músculo do coração humano, muito antes do que foram inventados os instrumentos necessários e sobretudo numa época em que não existia nenhuma experiência com a autópsia de cadáveres? Na verdade, só havia duas possibilidades: ou um gênio produziu esse preparado de músculo do coração humano de modo incrível e com uma técnica hoje desconhecida ou era um milagre.

Cada diocese italiana vem, mais cedo ou mais tarde, para Roma, e com isso também cada porta-voz de diocese. Eles podem ser muito solícitos quando há uma pergunta de que eles gostam de responder; mas normalmente o contato com eles é muito estafante, pois eles sempre precisam do consentimento de seu bispo ou do senhor cardeal antes que possam abrir a boca. Frequentemente, eles têm alguns empregados que podem dizer ainda menos, isto é, nada. Essas pessoas são uma grande bênção para meu trabalho, pois muitas vezes estão tão bravas com seu chefe que lhes proíbe falar, que pelas costas adoram tagarelar – quando estão seguros de que nunca será publicado. Uma empregada assim e conhecida minha também me ajudou em Lanciano; oficialmente, nem perguntei na diocese, pois o que eu poderia perguntar? Eu procurava um fantasma, um homem que em Roma resmungava de um milagre, exatamente no dia em que o Vaticano cochichava sobre um milagre. Ele foi para os lugares dos milagres de sangue, para Orvieto e Lanciano. Mas possivelmente era somente um turista.

Minha conhecida me levou para seu escritório, no centro de Lanciano. "Quando você ligou e me perguntou se me lembro de algum visitante esquisito do dia 2 de novembro, eu imediatamente sabia de quem você estava falando. O padre era americano, diria eu, de qualquer modo, só falava inglês, nenhuma palavra em italiano, e eu certamente o teria esquecido se não tivesse tão exaltado. Pensei: Meu Deus, ele ainda vai pular da janela."

"Por quê?"

"Ele queria ver nossa documentação, as investigações de 1981. Ele leu a história várias vezes, pois nós temos uma versão em inglês. De repente, encontrou algo no texto.

"O quê?"

"O grupo sanguíneo, pois nós mandamos determinar o grupo sanguíneo da hóstia. É o grupo raro AB. Isso o deixou completamente transtornado. Ele sempre gaguejava: também aqui AB, AB. Pensei, ele não vai se acalmar nunca. Depois quis me abraçar e disse 'the blood of God – o sangue de Deus'."

"O sangue de Deus?"

"Sim, foi isso que ele disse."

"Mas ele não lhe disse seu nome?"

"Naturalmente o teríamos registrado se ele quisesse, mas um padre católico que queria somente ver nossa documentação sobre o milagre não era nada incomum. Eu acho que ele se chamava Padre Joseph, mas não tenho certeza."

"Ele não te deu um cartão?"

"Não, no final ainda conversamos aqui na minha escrivaninha. Ele fazia anotações." Ela apontou para uma grande folha com propaganda de uma empresa de escritório sobre a escrivaninha. "Isto aqui foi ele." Eu olhava para a folha completamente rabiscada e primeiramente só vi um caos de linhas azuis. Eu estava muito próximo do homem, ele esteve sentado exatamente aqui – e há somente quatro dias.

"Parece chinês. Como símbolos da escrita chinesa. Você pode destacar isso para mim?", lhe pedi.

Olhei novamente para o pedaço de papel. Aparentemente o homem rabiscou inconscientemente a folha sobre a escrivaninha, talvez fossem só traços, mas eu pensei: podem ser caracteres.

A PISTA DE SANGUE

Eu o tinha encontrado, mas na verdade isso de nada me adiantava. Ele foi até o milagre de sangue e se espantou de ter encontrado o grupo sanguíneo AB, um grupo sanguíneo raro. Mas o que quis dizer quando falou que "também aqui" era o mesmo grupo? Onde mais?

De volta a Roma, não fui direto para casa, parei diante de um restaurante chinês em que comia de vez em quando. O proprietário era um homem simpático, entrei, pedi uma cerveja e lhe mostrei o pedaço de papel. "Isto é chinês?" perguntei. "Não faço ideia", disse ele. "Eu sou vietnamita. Mas não acho que seja chinês. Espere um momento."

Um homem muito magro de avental branco saiu da cozinha. Mostrei-lhe o papel. "O senhor consegue ler os símbolos? Isto é chinês?"

"Não sei chinês", disse ele. "Sou coreano e isto está em coreano."

"E o que está escrito?", perguntei.

"Papa. Só está escrito papa."

Um coreano. Ele fala de um milagre em Roma que ele diz ter vivido, foi até Orvieto e Lanciano para ver milagres de sangue e inconscientemente rabiscou a palavra papa num papel. Por quê? O que o papa tinha a ver com tudo isso? Ainda na mesma noite chequei as anotações atuais sobre a Coreia do Sul. Karol Wojtyla esteve na Coreia em 1984 e 1989; será que agora haveria outra visita a Seul? Não notei nada nas anotações da embaixada coreana na Santa Sé. Mas eu estava absolutamente certo de que tinha que haver algo.

Liguei para o meu conhecido na vigairaria geral no Latrão, provavelmente, como tantas vezes, uma tentativa em vão. Mas a coisa valeu a pena.

Ele atendeu imediatamente. Pode-se acusar os religiosos de muita coisa, mas eles não são preguiçosos.

"Ciao, como vai?", perguntei.

"Mal", respondeu. "O que você faz com os passionistas? O que quer que seja que você tem em mente, tire suas mãos disso!"

Eu sabia que no Vaticano as notícias correm rápido, mas não esperava que fosse tão rápido. Não sabia o que dizer, então tentei jogar uma pedra na água para ver o que aconteceria.

"Eu me interesso por sangue; como todos no Vaticano, pelo grupo sanguíneo AB."

"Não sei o que você quer dizer, e me deixe em paz."

"Coreia", disse eu depois, na esperança de que ele daria alguma resposta. E acertei.

Ele bufou no telefone: "Escute bem, essa missa do papa nunca existiu, nem para mim, nem para você. Isso é simples assim. Ela não aconteceu." Ele desligou furiosamente.

Agora eu sabia pelo que tinha que procurar. Chequei as anotações dos grupos que celebraram uma missa privada com o papa, e bingo! Os sul-coreanos celebraram uma missa privada com o papa no dia 31 de outubro de 1995, no dia em que o milagre supostamente aconteceu.

Minhas conversas seguintes com a comunidade sul-coreana em Roma me revelaram sobre tudo que eles queriam saber que eu sabia. Naturalmente, não confessei que sabia de quase nada, mas já pareceu tê-los inquietado bastante que eu sabia do padre que estivera em Orvieto e Lanciano.

Enfim, um representante da comunidade sul-coreana concordou em encontrar-se comigo. Até aquele dia eu não sabia que havia restaurantes caros com cozinha asiática em Roma. Todos os restaurantes asiáticos que eu conhecia em Roma eram baratos e não ofereciam cardápios finos. Mas os coreanos me convidaram para um restaurante sino-coreano na região mais elegante de Roma, perto da Via Veneto, e que tinha preços de príncipe. Havia pratos no cardápio que eu nunca tinha ouvido. Normalmente eu escolhia alguns rolinhos primavera e depois o frango agridoce, mas aqui havia coisas bem diferentes. Pela primeira vez comi peixe fresco do modo como os coreanos preparam. Após um sem fim de demonstrações de cortesia, eles tiraram o gato do saco. Eles queriam saber o quanto eu sabia, e eu temia que fosse apenas questão de tempo até que descobrissem que eu não tinha ideia do que realmente aconteceu. Por isso apostei tudo numa carta. Eles me olhavam interrogativamente, todos os seis, mulheres e homens, pareciam registrar exatamente cada um dos meus gestos: "Eu sei que é o grupo sanguíneo AB, exatamente como em Lanciano."

Eles me olharam chocados. O homem mais idoso que me convidou pessoalmente agora me olhava interessado. "O Santo Padre não quer que se fale a respeito. Isso eu já sei há muito tempo", disse eu.

"Então por que o senhor não deixa quieto?"

"Isso é óbvio. Chegará o dia em que poderei falar sobre isso, e se só então eu procurá-los, os senhores já não estarão em Roma, mas na Coreia ou em outro lugar. Agora estão aqui e posso perguntar-lhes. Mas lhes dou minha palavra de que não escreverei a respeito enquanto o papa estiver vivo. Esse é o acordo com seu secretário."

"Então há outros casos?"

Eu balancei afirmativamente a cabeça. "Sim, há um monte de pessoas que acreditam que à sua volta ocorrem milagres, mas não direi nada sobre isso a vocês. Sei que os senhores também tiveram contato com um milagre – ou com uma fraude?"

Eles me olhavam irritados. "Certamente não foi uma fraude. O papa a benzeu."

"Quem?", perguntei. "Quem ele benzeu?"

O senhor de mais idade acenou para uma jovem coreana. Estava claro que era a permissão para falar.

"Nós celebramos uma pequena missa privada com o papa João Paulo II. Estavam presentes o secretário geral da conferência sul-coreana dos bispos, Dionysio Paik, e o monsenhor Thun. Entre os fiéis também estavam a senhora Julia Kim com seu marido e filhos. Quando o Santo Padre lhe deu a comunhão ..."

Ela olhava nervosa para a mesa. "Quando lhe deu a comunhão, a hóstia se transformou em sua boca em um pedaço de carne."

Eu tentei não demonstrar claramente o que pensei: Vocês estão todos loucos?

"A senhora quer dizer que a hóstia se transformou na boca da mulher em um pedaço de carne sangrenta?", me certifiquei.

"Exatamente. Nós temos o testemunho do monsenhor Thun, que o viu e que atesta que a hóstia se transformou na língua de Julia Kim em um pedaço de carne fino, sangrento e com forma de coração", confirmou o homem.

Por que o papa não os expulsou?, me perguntei. Para pessoas menos devotas que Karol Wojtyla, provavelmente é indiferente quando se brinca com um sacramento da Igreja católica. Mas quando o mais sagrado da Igreja é manchado, o papa podia ficar muito, muito bravo, eu vi isso várias vezes. Mesmo padres cuja devoção é inquestionável, não conseguiam esconder que achavam inacreditável o respeito com que Karol Wojtyla se preparava para a Santa Missa e a eucaristia. Ele rezava intensamente antes e depois da Santa Missa. Portanto, esse papa tinha que ficar profundamente atônito, indignado, quando em sua capela se caçoava do sacramento da santa comunhão. Aparentemente, a mulher arrumou um pedaço de carne fresca, pouco antes da comunhão o colocou na boca e escondeu embaixo da língua, de modo que parecia que a hóstia se transformou num pedaço de carne. Uma maldosa e fria fraude diante de um papa. Ele não tinha outra opção do que expulsá-los todos.

"O que o papa fez quando viu a carne sangrenta na boca da mulher?", perguntei.

"O papa viu surpreso o que tinha acontecido; ele foi até Julia Kim, olhou para o sangue em sua boca e a benzeu. Temos fotos disso, o senhor pode tê-las."

Eu não acreditava. O papa realmente acreditou que isso era um milagre – e minhas perguntas posteriores no Vaticano confirmaram isso. O velho homem dizia a verdade. João Paulo II realmente acreditou que ocorreu um milagre, a transformação de uma hóstia em carne e sangue.

"Por que então seu padre coreano fez a viagem para Orvieto e Lanciano? O que ele procurava?"

"O grupo sanguíneo. Mandamos analisar o sangue na boca da senhora Kim. Ela própria tem o grupo sanguíneo B, mas o sangue em sua boca tinha o grupo sanguíneo AB, que é o mesmo grupo encontrado na hóstia em Lanciano, o mesmo encontrado em Orvieto e o mesmo descoberto no sudário de Turim. Se todas essas relíquias não são falsificações, então Deus tinha o raro grupo sanguíneo AB."

Será que o papa não notou a fraude? Será que simplesmente se deixou convencer pelos padres de que um incrível milagre tinha acontecido? Não quero nem pensar na última de todas as possibilidades: teria sido mesmo um milagre? As testemunhas que estavam presentes, os padres católicos, monsenhor Thun e monsenhor Paik, constataram: em sua opinião não se tratou de fraude. Desde o acontecimento, Julia Kim é venerada na Coreia, no santuário Naju, como mística. Só há duas possibilidades: a mulher é uma fria impostora e o papa foi enganado de modo desavergonhado nesse 31 de outubro de 1995. Ou aconteceu aquilo que o papa João Paulo II acreditou ter visto: um milagre. Se tivesse chegado à conclusão de que Julia Kim era uma impostora, então certamente teria impedido que surgisse um lugar de peregrinação aceito pela Igreja católica para essa mulher na Coreia do Sul. O papa João Paulo II visitou o local da hóstia em Lanciano como cardeal no dia 3 de novembro de 1974 por vontade própria e louvou o incrível milagre.

Será que o papa foi enganado? Teria sido vítima de uma maldosa fraude que ele não reconheceu? Será que ele só benzeu Julia Kim porque não percebeu que ela podia ter escondido um sangrento pedaço de carne em sua boca? Possivelmente foi isso. Mas, querendo ou não, preciso levar em conta a outra possibilidade. Que o papa realmente acreditou nesse milagre. Pois não há a menor dúvida de que ele acreditava incondicionalmente no efeito extraordinariamente salvador da hóstia benzida. Ele já viveu uma vez um dramático milagre com uma hóstia, e essa é a única história que o "calado" D. Stanislaw Dziwisz contou em sua vida.

TUA FÉ TE SALVARÁ

Na primeira vez que fui convidado para lá, fiquei muito surpreso quando vi como era pequeno o escritório dos secretários do papa nesse imenso palácio apostólico. Muitos anos mais tarde, ocorreu ali também uma das experiências mais dolorosas, porém mais belas, da vida. Eu não sei quantos dias na vida de um homem realmente são inesquecíveis. O dia em que peguei pela primeira vez meu filho nos braços, o dia em que pedi minha mulher em casamento. Mas esse dia certamente faz parte disso. Eu estava sentado nesse pequeno escritório e naturalmente não sabia que o papa João Paulo II morreria três dias mais tarde. D. Stanislaw Dziwisz me deu o presente de despedida do papa, uma foto de minha família com Karol Wojtyla, e ele tinha escrito seu nome na foto. Deve ter sido uma das últimas assinaturas de sua vida (ver imagem na página 138). Então D. Stanislaw também me contou o que acontecera na época.

Eu me lembrava desse dia, apesar de não ter compreendido o que realmente aconteceu. Uma ambulância chegou à residência papal em Castel Gandolfo, e um amigo fotógrafo me ligou agitado.

"Vai começar", falou no telefone. "Eles chamaram uma ambulância. Ele foi para a residência em Castel Gandolfo."

"Pelo amor de Deus", disse eu. "Eu irei, obrigado por ter me ligado. A ambulância ainda está lá?"

"Sim, já faz um bom tempo."

"O que é isso?", passou pela minha cabeça. Eles chamam uma ambulância, mas ao invés de transportar o papa o mais rápido possível, eles simplesmente a deixam parada. O que é isso? Além do mais, seria muito mais fácil chamar um helicóptero em caso de emergência.

Naturalmente, eu não supus o que realmente tinha acontecido. Um homem de Nova York em estado terminal entrou em contato com D. Stanislaw. Era um judeu muito rico. Ele escreveu que lhe restavam dois desejos na vida: encontrar o papa e depois morrer em Jerusalém.

O papa convidou o homem porque era judeu, e não apesar de ser judeu. Estou seguro disso. Karol Wojtyla entrou para a história com o pedido de perdão aos judeus pelo que os cristãos lhes fizeram, no ano 200, no Memorial do Holocausto e no Muro das Lamentações. Na época, ele também curou meu coração católico com o pedido de perdão, de que nunca mais cristãos poderiam lesar judeus. Se alguma vez algum dirigente fez algo em meu nome, então foi o papa João Paulo II nesse dia no Muro das Lamentações. O representante do então ministro das relações exteriores de Israel, o Rabbi Melchior, me disse nessa ocasião: "Agora, depois de dois mil anos, tudo ainda termina bem, finalmente católicos e judeus podem olhar para um bom futuro." Nós, alemães, não os poloneses, não o povo de Karol Wojtyla, cometemos o pior crime da história – e naquela ocasião, no Muro das Lamentações, ao lado de Karol Wojtyla, eu tinha o sentimento de que o bem ainda pode vencer o mal neste mundo.

O fato de Karol Wojtyla querer receber um judeu em estado terminal fazia todo o sentido para ele. D. Stanislaw Dziwisz contou mais tarde o que aconteceu: quando o homem chegou em Castel Gandolfo de maca, o papa o convidou para a missa e o doente foi levado para a capela privada do palácio. O judeu participou da celebração da missa e no momento da comunhão o papa também ofereceu a comunhão ao homem doente de Nova York, e ele aceitou.

D. Stanislaw se dirigiu após a missa ao homem e o censurou. Como não batizado, ele teria que recusar a comunhão, mas acho que ele não levou muito a sério essa censura. D. Stanizlaw continuou contando: "Depois da missa, o bilionário voou, acompanhado por seu médico, para Jerusalém, para morrer ali. Alguns meses mais tarde, ele entrou em contato comigo. Ele tinha sarado de sua doença fatal e incurável." D. Stanislaw relatou ao papa a cura pela hóstia benzida e Karol Wojtyla somente disse que sempre ficava feliz em ver quantas grandes ações Deus podia realizar, e que era profundamente grato aos irmãos maiores dos cristãos, aos judeus.

A POMBA DE ZACATECAS

Cidade do México, 22 de janeiro de 1999. Eu sabia imediatamente que tinha cometido um erro, um grave erro. Os dois padres corretíssimos que há instantes tinham me falado, de repente ficaram calados e se olhavam horrorizados. Instantaneamente, houve silêncio no escritório de credenciamento na Cidade do México. Eu não sabia o que poderia ser tão terrível em meu desejo para que os religiosos me olhassem como um ser horripilante. Eu repeti o que acabara de dizer: "Somente lhes pedi ajuda para que eu consiga uma passagem de avião para Zacatecas." Eles não responderam, mas se olhavam calados. Em toda a minha vida, nunca vi padres católicos como eles. Eles tinham o mesmo corte de cabelo perfeito. A crista do cabelo parecia ter sido traçada com uma régua, em ambos. Sua roupa de padre, o terno preto, sem dúvida feito sob medida. Eles devem pertencer a alguma organização, alguma nova ordem eclesiástica. Mas, na época, eu não fazia ideia qual ordem poderia ser. Eles tinham me recebido com incrível fartura. Trataram-me como um príncipe e disseram várias vezes o quanto me invejavam por poder estar em Roma perto do Santo Padre. Achei melhor guardar para mim que, às vezes, eu ficava farto de correr atrás do Santo Padre o tempo todo. Eles conferiram meu visto de trabalho mexicano e me devolveram os papéis perfeitamente organizados. Os documentos estavam tão meticulosamente empilhados que parecia ter sido feito com régua e nível, e depois ainda engomados. Eles declararam que queriam me ajudar em cada passo na Cidade do México, tanto fazia onde eu quisesse ir, qual cerimônia papal quisesse visitar, eles me ajudariam vinte e quatro horas por dia, era só dizer o que desejava. Do meu ponto de vista, era ótimo estar finalmente num país estritamente católico. Eu já tinha viajado a países com o papa para os quais a presença do Santo Padre era indiferente, em que ninguém pensava minimamente em me ajudar. Aqui não só me ofereciam um motorista, mas também um padre estaria à minha disposição como ajudante e consultor – uma situação paradisíaca. Eles me asseguraram que até controlariam meu quarto no hotel, para que não faltasse conforto. E então fiz essa pergunta que parece tê-los atingido como um raio e à qual ainda não tinha recebido resposta. "Os senhores podem me ajudar a voar rapidamente para Zacatecas e depois voltar?" Eles ainda me olhavam sem palavras, o silêncio pesava na sala, até que um dos padres com cabelo impecável sorriu para mim e disse: "Mas, *señor,* não existe aeroporto em Zacatecas."

"Obrigado", disse eu e saí da sala.

Deixei o centro de credenciamento e, com um táxi típico da Cidade do México, um fusca "Vocho", voltei para a Zona

Rosa, o centro da Cidade do México, onde estava meu hotel. Será que meus amigos eram tão burros e não viram que eu não podia voar para Zacatecas? Eu estava irritado de ter entrado nessa besteira. Subi para meu quarto e tentei refletir. No dia seguinte, sábado, 23 de janeiro, o papa ia celebrar a missa no santuário de Nossa Senhora de Guadalupe. Eu não podia cabular. No domingo, 24 de janeiro, ele celebraria a missa no autódromo Hermanos Rodriguez, na Cidade do México, e eu tinha que estar presente também. Mas na segunda-feira, 25 de janeiro, eu podia faltar ao encontro do papa com as "gerações do México". Somente na terça-feira, 26 de janeiro, continuaríamos para St. Louis, nos Estados Unidos. Tem que ser na segunda, pensei, e marquei o dia na minha agenda, pode ser somente na segunda. Mas se não há aeroporto em Zacatecas, como eu chegaria lá? Na minha mala, um gordo maço de notas de dólares americanos precisava chegar em Zacatecas. Eu prometi isso. Porque me meti nessa, pensei.

Hoje, é fácil esquecer que houve um tempo em que não havia acesso à internet sem fio. Do meu quarto tentei discar o acesso à internet através de um modem, mas o número de telefone ou estava sempre ocupado ou não respondia. Busquei uma boa e velha lista telefônica e, com uma agência de viagens, tentei, com meu parco espanhol, descobrir como podia chegar o mais rápido possível da Cidade do México para Zacatecas na segunda-feira. Talvez de trem expresso ou carro alugado? Mas a jovem do outro lado linha reagiu sem entender. "Por que o senhor não voa? Em uma hora e vinte minutos chega lá."

"Mas não existe aeroporto em Zacatecas", disse eu confuso.

Ela riu. "É uma cidade turística. Naturalmente existe um aeroporto, o La Calera Airport, um grande aeroporto. O senhor consegue um bilhete em qualquer agência de viagens."

Eles mentiram para mim, pensei. Por que eles fizeram isso? Dois padres católicos que se superavam em simpatia aparentemente mentiram para mim. Por que eu não deveria voar para Zacatecas? Alguém me denunciou? Fiquei gelado. Eu não sabia se tinha ofendido as leis de divisas do México por trazer comigo tantos dólares americanos, mas era possível. Será que alguém me delatou em Roma e os padres aqui ficaram sabendo?

Fui até a janela e olhei para a cidade: havia uma enorme nuvem de poluição, e com toda força tentei não pensar em acender um cigarro. Por que entrei nessa besteira? A culpa era do padre E., o jovem com a cara redonda de Cuba, que tinha alguns quilos a mais e possuía um sorriso cordial. Ele me lembra um gato gordo. Com calças de ginástica e camisetas ninguém suspeitava de que era um padre – nem mesmo a polícia cubana. Seus irmãos de ordem me contataram em Roma para levar-lhe um pacote quando estivesse com o papa João Paulo II em Cuba. Eu não tinha achado nada demais. Eu iria para o portão do convento, em algum lugar em Havana, entregaria o pacote e desapareceria. Eu não esperava que esse convento não fosse legal, que não se parecia com um convento, e também não esperava por um homem com o padre E. Ele insistiu em me mostrar para que precisavam do dinheiro e dos medicamentos. Numa sala suja e decadente, vi médicos cortarem a barriga de um homem que tinha um pedaço de pau entre os dentes. Demorou um pouco até que entendi que esses homens tinham que operar sem anestesia, porque não havia medicamentos. "Os que vêm aqui têm algum problema com o regime. Muitos são católicos e culpados por crimes 'graves', como celebrar o Natal, que supostamente atrapalha a safra da cana-de-açúcar. Nos hospitais do Estado eles não recebem tratamento. Nós ajudamos do melhor jeito que podemos", disse ele.

Vi um homem, cuja cicatriz da operação sangrava muito. Eles tinham colocado gazes que tiravam para lavar e reutilizar. Essas gazes não estavam esterilizadas e o homem arriscava a ter uma grave infecção.

Eu devo muito a esses dias em Cuba. Tudo o que aprendi sobre o lado prático da Teologia da Libertação aprendi ali. O padre E. se tornou um amigo, um amigo que comia muito daquelas bananas fritas salgadas e gordurosas que havia em todo lugar na ilha, e que não queria rum, o que não o perturbava, pois não havia rum. De volta a Roma, naturalmente relatei que estive em seu convento, contei como padre E. lutava ali. Depois veio a ligação, no dia em que a viagem do papa João Paulo II para o México foi divulgada. "Andreas", me disse o padre do outro lado da linha, "você pode levar algo para o México para nós? Nosso homem depois levará de lá para Cuba. Você acompanha o papa, nada pode lhe acontecer."

"E o que devo levar?"

"Como sempre, medicamentos e dinheiro."

Eu concordei, apesar de não ter compreendido essa ação. "Por que não transferem simplesmente o dinheiro para o padre em Cuba?"

O monge deu uma sonora gargalhada. "Você sabe o que aconteceria se transferíssemos o dinheiro para Cuba? Muito provavelmente sumiria e o receptor indicado por nós iria preso. No melhor dos casos, nossos irmãos receberiam menos de dez por cento da soma que aqui juntamos com muito esforço."

"Então transfiram para o México."

"Isso é tudo muito complicado, faça esse favor e simplesmente leve para eles."

"Mas por que para Zacatecas?"

"Nosso homem de confiança estará lá. Nós te pagamos o voo a partir da Cidade do México, você voa para lá, entrega o pacote e voa de volta."

"Por que não posso deixar simplesmente na Cidade do México e ele busca ali?"

"Ele é um padre, ele não consegue se movimentar tão facilmente como você."

"E se eu deixar na recepção do hotel?"

"Eu não me sentiria bem com isso, por favor, nos faça esse favor."

Eu concordei, tolo. Eu deveria ter insistido que viessem para a Cidade do México para buscar o pacote.

Em Roma já era tarde da noite. Mesmo assim liguei para o convento. "Eu não consigo ir para Zacatecas. Por favor, me diga onde devo deixar o dinheiro aqui na Cidade do México."

"Não conseguimos organizar isso tão rapidamente. Você precisa ir para Zacatecas", me disse o padre ao telefone.

Que droga. Tomei um whisky e torci para que ele me resguardasse dos problemas de estômago e intestino, dos quais dificilmente se escapa no México.

O QUE ACONTECEU EM ZACATECAS?

A manhã do sábado, 23 de janeiro de 1999, estava gelada. Eu nunca pensei que a Cidade do México pudesse ser tão fria; afinal, a cidade está perto da linha do equador, só um pouco para cima. Mas tremer de frio? Como sempre, o Vaticano nos levou para a Basílica da Virgem de Guadalupe, na Cidade do México, horas antes do início da Santa Missa. Diante da basílica, pessoas tinham acampado a noite. Os médicos tratavam de uma série de pessoas com congelamento. O dia começava mal. Eu me sentei ao lado de um colega e esperei pelo início da missa. Enfim lhe perguntei se sabia onde eu poderia arrumar um bilhete de avião ainda naquele dia. "A agência de viagens no hotel está fechada, amanhã é domingo e tudo estará fechado."

"Para que você precisa de um bilhete de avião? Você quer ir nadar em Acapulco ao invés de rezar na Cidade do México?" Ele achou isso engraçado e apontou para um padre mexicano que estava sentado a alguns metros de distância. "Esse padre é da Cidade do México, ele trabalha para uma emissora de rádio, com certeza ele pode te ajudar."

Levantei e me sentei ao lado do religioso mexicano. Ele tinha uma batina um pouco manchada e não muito nova. Uma dieta também não lhe faria mal. A barriga encobria seu cinto. "Preciso conseguir uma agência de viagens. O senhor sabe se há aqui por perto algo como um centro comercial?"

"Para onde o senhor quer ir?"

"Para Zacatecas, na segunda-feira."

Ele me olhou como se eu tivesse dito uma monstruosidade. Seu assombro me tranquilizou muito. Pois era completamente impossível que cada padre do México soubesse o que eu tinha na mala. Portanto, os padres ultracorretos do centro de credenciamento não reagiram de modo tão estranho porque eu fui denunciado, mas por algum outro motivo. Algo não estava em ordem na cidade de Zacatecas.

"Eu sei", disse eu, "seus amigos padres do comitê de recepção já me deram a entender que eu deveria evitar a cidade. O que está acontecendo ali? Uma epidemia de peste?"

"Seguramente os senhores do comitê de recepção não são meus amigos. Eles fazem parte de um movimento religioso no México, a Legião de Cristo. Sem eles não acontece mais nada na vida religiosa. Eles são muito influentes também em Roma. Mas certamente não são meus amigos."

"Do jeito que o senhor fala, não parece gostar muito deles."

"O movimento tem um apelido. Nós não os chamamos de legionários de Cristo, mas de milionários de Cristo, pois eles vêm de famílias muito ricas, se vestem muito bem e são muito conservadores. Mas o que quer que se pense sobre eles, Roma e o papa parecem amá-los. Eles controlaram toda a organização da visita do papa aqui no México."

Naturalmente, na época, eu não sabia nem vagamente o que as palavras do homem significariam mais tarde. Revelou-se que o padre fundador do movimento, monsenhor Marcial Maciel Degollado, não somente abusou de seminaristas, mas vivia com várias mulheres e gerou numerosos filhos com elas, e também abusou dos próprios filhos. O Vaticano confiou a visita do papa a esse homem e sua organização. Uma década mais tarde, isso trouxe consideráveis dores de cabeça ao Vaticano, porque muitos perguntaram se realmente ninguém supôs algo sobre os crimes sexuais do chefe da Legião de Cristo.

Ainda me lembro que perguntei ao padre: "E o que o senhor tem contra os legionários?"

Ele respondeu: "Eles são muito devotos. Mas não dão muita importância ao trabalho sujo, se posso dizer assim, para a ação pastoral com os famintos, os pobres, os drogados da cidade."

"Entendo."

"Ainda assim eles organizam a visita do papa e, apesar de eu não gostar deles, acho correto que não queiram que pessoas como o senhor viajem para Zacatecas. Eles sabem o que o senhor quer fazer ali."

"Eu duvido."

Ele riu. "O senhor fez a longa viagem apenas por um motivo, eu aposto."

"Qual motivo?"

"Não zombe de mim", disse ele. "É o milagre, o que mais seria?"

"Que milagre?"

"Não se faça de desentendido! Esqueça. Talvez Deus tenha feito algo especial ali, mas não para que o senhor divulgue mundo a fora."

"O que Deus fez ali?"

"Eu espero muito que o senhor realmente não saiba."

Ele deu as costas e achei melhor procurar outro lugar. Um milagre? Que milagre? Por que diabos ninguém queria falar a respeito? Na verdade eles deveriam estar felicíssimos se aconteceu ali um milagre.

Eu passei pelas fileiras, vi um porta-voz da diocese da Cidade do México e decidi apostar tudo numa carta.

"Ainda não é bem visto falar sobre o que aconteceu em Zacatecas?"

Ele riu: "Como o senhor chegou a essa ideia? Nós não temos nada a esconder e o senhor pode escrever o que quiser."

"Também sobre Zacatecas?"

"Certamente."

"Também sobre o milagre."

Ele me olhou surpreso. "Que milagre? Eu não sei de milagre algum."

Tudo bem, pensei. Isso não faz sentido.

"Diga-me", lhe perguntei, "seria possível falar com padres que saíram da Igreja porque se casaram ou deixaram a igreja por outro motivo?"

Ele me olhou com uma cara dolorosamente distorcida. "O senhor não pode esperar que eu o ponha em contato com esses senhores, se é que existem no México."

Saí da catedral e fui para a tenda da imprensa erguida ao lado da catedral. Os organizadores da Legião de Cristo realmente se esforçaram muito. Ali havia dezenas de computadores, mas a conexão de internet funcionava mal. Assim, o trabalho era impossível. Novamente pedi a boa e velha lista telefônica. Telefonei para toda a Cidade do México, tentei chegar a endereços de ex-padres por meio da Caritas, de freiras e monges católicos, e de todos os grupos católicos possíveis. Depois de uma hora, eu tinha um número de telefone de uma organização de padres que tinham abandonado a igreja e quase todos tinham casado. Para meu espanto, alguém na organização atendeu o telefone nesse sábado. Quando lhe disse que eu viera com o séquito do papa, ele achou que eu quisesse enganá-lo. Depois consegui convencê-lo.

"Afinal, o que o senhor quer saber de mim?", perguntou ele.

"Bom, como a Igreja trata os padres que querem se casar."

Ele fez silêncio durante um momento.

"Onde o senhor está?", perguntou ele.

"Estou na catedral, na tenda da imprensa."

"Estou muito perto daí. Vou daqui a pouco", disse ele.

Fui para a catedral, assisti ao papa, depois voltei ao centro de imprensa e esperei pelo homem.

Ele era um mestiço muito magro, sua pele parecia brilhar como bronze. Seu rosto alongado lembrava um cavalo magro que tivera cólica. Ele me parecia muito infeliz.

Nos sentamos num canto e eu tentei me concentrar nele. Ele me contou tudo aquilo que eu já ouvira dezenas de vezes sobre esse drama e essa tristeza. O que acontece é que os padres que abandonam a Igreja raramente superam essa perda. Frequentemente, mais tarde colocam a culpa por essa decisão a suas esposas ou parceiras ou a seu parceiro. Ainda não conheci esposos felizes que já foram padres. Também o ex-padre no México, naquela ocasião, jurava o quanto amava a Igreja, ele contou como foi maltratado por um bispo, que considerava o celibato uma besteira e que todos os padres eram homossexuais ou infelizes. Tudo isso não soava muito convincente. Ele tinha um aspecto muito triste. Finalmente, ousei perguntar o que realmente queria saber.

"Eu me interesso especialmente pelas proibições da Igreja mexicana."

"Ahh, o senhor não imagina tudo o que nos foi proibido." Ele enumerou uma lista infinita de supostas trapaças do bispo. Então tomei coragem e perguntei: "Acho que consigo me lembrar de um tratamento especialmente ruim a um padre em Zacatecas." Ele me olhou espantado. "Zacatecas? Qual Igreja dali? Pode ser, mas eu não me lembro."

"Seria muito importante para mim."

Ele pegou um dos telefones que estavam sobre a mesa e discou um número. "Tenho um amigo, um padre que também casou. Ele documentou tudo o que havia de trapaças da Igreja no México. Não sei se ele tem algo sobre Zacatecas."

Após alguns minutos em que falou espanhol com a velocidade de uma metralhadora e eu não entendi nada, ele desligou.

"Não há nada ali. Não há nenhum de nós em Zacatecas."

"Nenhuma proibição?"

"Nenhum, ele só encontrou um papel referente a Zacatecas."

"E o que estava escrito?"

"Uma focinheira clássica. Os padres devem calar a boca sobre tudo o que aconteceu no dia 12 de maio de 1990."

"E o que aconteceu nessa data?"

"Ele não sabia, eu também não sei. Não faço ideia."

*

Assegurei ao meu interlocutor que escreveria sobre o destino dos padres casados, agradeci e ele foi embora. Até que enfim eu tinha agora um ponto de referência: o que então aconteceu no dia 12 de maio de 1990 na cidade mexicana de Zacatecas? O que teria sido tão significativo para que instruíssem os padres a manterem silêncio a respeito?

A conexão com os computadores do centro de imprensa agora tinha caído definitivamente. Como há décadas, os colegas passavam os textos por telefone. Na época ainda havia secretárias, que aprenderam a receber textos ditados. No final da tenda de imprensa estava sentado um jovem padre que olhava frustrado para o monitor. Aparentemente, ele foi encarregado de operar os computadores no centro de informática. Ele parecia sentir como derrota pessoal o fato do sistema ter caído. Ficou aliviado quando lhe disse que não queria me queixar, mas eu só procurava uma agência de viagens.

"O senhor precisa de um bilhete de avião para Zacatecas na segunda-feira? Já é meio-dia de sábado e tudo estará fechado." Ele escreveu um endereço para mim. "Há um grande centro comercial aqui perto. Ali há uma agência de viagens que certamente ainda está aberta."

Andei com um "Vocho" pela cidade do México e o taxista me contou quantas vezes já tinha sido roubado no semáforo enquanto lhe apontavam uma pistola na cabeça.

Enfim, encontrei uma agência de viagens e uma mexicana competente e bonita resolveu rapidamente meu problema. Enquanto ela imprimia a reserva, eu tentava organizar meus pensamentos. Esses estranhos legionários de Cristo tentaram impedir que eu voasse para Zacatecas. Por que, era totalmente incompreensível. Depois o padre um pouco desleixado falou de um milagre, ele deduziu que eu estivesse à procura de pistas desse milagre e, finalmente, descobri que no dia 12 de maio de 1990 aconteceu algo extraordinário. Mas o quê? O milagre? Ou será que no dia 12 de maio de 1990 apenas um padre fugiu com a dona de casa e por isso a igreja instruiu os padres a se calarem? O suposto milagre tinha que estar relacionado com a data 12 de maio. A questão era: pelo que eu tinha que procurar em Zacatecas? Eu não poderia andar pela cidade e procurar por um milagre. Como é que se procura por um milagre, afinal? Onde eu deveria começar? A única chance era falar à consciência dos padres, que, afinal, estavam vinculados a mim por causa do pacote que lhes levava, de modo que transgredissem a proibição de falar para revelar o que aconteceu no dia 12 de maio de 1990 ou se já ouviram falar de um milagre na cidade. Afinal de contas, deveria haver um bom motivo para que os legionários de Cristo tivessem tentado impedir meu voo com uma mentira.

Quando voltei ao hotel, passei novamente a programação. Eu tinha suficiente tempo para participar da missa do papa no domingo, participar da oração do Angelus, depois ir tranquilamente para o aeroporto e voltar na segunda-feira. No quarto do hotel encontrei um folheto de propaganda do México em que havia fotos de Zacatecas. A cidade parecia belíssima e eu queria saber qual estranho segredo estava escondido ali.

Tentei novamente conseguir uma conexão com a internet, mas o telefone tocou. Um padre aliviado de Roma me informou que não era mais necessário que eu fosse até Zacatecas. "Andreas, encontramos agora um colaborador que passará hoje à noite no seu hotel. Ele buscará o pacote, ele se chama padre Vicente."

"Ok", disse eu, agradeci, cancelei a reserva para Zacatecas. Agora eu nunca saberia o que aconteceu ali e por que a Igreja mexicana estava tão preocupada que eu não fosse até lá. Bom, pensei, simplesmente esqueça, continuará um segredo.

Desci até o motorista que me levaria ao encontro do papa com as comunidades mexicanas. Ele ainda estava lavando o carro, então andei pela rua. As lojas estavam repletas de recordações da visita do papa. Havia até saquinhos com batata frita com a foto do papa João Paulo II, todas as formas imagináveis de canetas tinham a imagem do papa. Descobri até um chiclete do papa João Paulo II. Eu olhava para a grande quantidade de itens de devoção do papa, os calendários e os livros ilustrados das visitas do papa no México e então, de repente, eu soube o que poderia ter acontecido no dia 12 de maio de 1990 em Zacatecas – e eu também soube o que tinha que fazer. Pedi ao motorista para me levar até o centro de imprensa, ele me deixou na entrada e eu esperei.

Quando o grupo de jornalistas que acompanhava o papa de perto voltava de um compromisso com ele, isso tinha pouco a ver com devoção e elegância. Fotógrafos e repórteres sempre ficavam nas zonas mais perigosas, o mais perto possível do papa, mas por isso também o mais perto possível dos cassetetes da polícia, que precisa defender o papa dos fãs superexaltados. Sendo que os superfãs do papa eram mais perigosos que a polícia. Eles não mediam esforços para chegar perto do papa. Eles tentavam de tudo para tocar o papa. Normalmente, isso fazia com que tocassem não o papa, mas os repórteres à sua volta, e arrancavam os bolsos costurados das jaquetas. Quando o grupo que acompanhava o papa voltava, sempre parecia que voltava de uma guerra civil. Eles tinham arranhões e esfoladuras, de vez em quando olhos inchados e sempre com as roupas totalmente amassadas. Assim também nesse dia, e eu olhava com um pouco de compaixão para meu amigo Arturo Mari, na época o fotógrafo do papa, que servira a seis papas. Aparentemente ele foi atingido, ele esfregava o ombro; o clichê de que a polícia mexicana não é gentil parecia ser verdadeiro.

"Arturo?", eu o chamei.

Ele se virou para mim. "Andreas? Onde você esteve?"

"Hoje cabulei o grupo."

"Sorte sua. Os mexicanos se batem até estourar."

"Você se lembra do dia 12 de maio de 1990? Na ocasião o papa esteve nesse dia numa cidade aqui do México, em Zacatecas."

Seu rosto, que até esse momento ainda parecia entediado, ficou tenso.

"Venha", disse ele. Fomos para fora da tenda de imprensa. Ele acendeu um cigarro Marlboro. "Ele não quer que se fale a respeito."

"Quem?"

"Ora, quem. O papa, você sabe que ele não quer que fale a respeito."

"O que aconteceu na época?"

"Um milagre, aconteceu um milagre, o papa aparentemente realizou nesse dia um milagre com a ajuda de Deus. Mas você precisa calar a boca."

"Você viu?"

Ele riu. "Eu até o fotografei, o momento do milagre, eu o fotografei."

Os senhores da organização da Legião de Cristo vinham em nossa direção, eu reconheci um deles, era o homem que queria impedir minha viagem.

Arturo disse: "Agora preciso ir. Falaremos em Roma sobre isso. Então te contarei o que aconteceu, mas, pelo amor de Deus, cale a boca."

Ele partiu para se trocar – e para mais tarde, nesse dia, no próximo compromisso do papa, novamente estragar o terno.

Eu olhei para ele: hoje, provavelmente ainda ficaria livre, mas amanhã novamente conversaria com Arturo. O elegante legionário veio até mim. "O senhor ainda quer ir para Zacatecas?", perguntou.

"Não, não gosto do aeroporto de lá."

Ele hesitou um momento, depois disse: "Eu quero me desculpar."

"Tudo bem."

"Eu não deveria ter mentido para o senhor, claro que há um aeroporto em Zacatecas."

"Eu sei disso, mas está resolvido. Arturo Mari estava lá na ocasião e ele tem suficiente confiança em mim para não esconder o que aconteceu."

"Eu acabei de ver isso, que o senhor é amigo dele."

"Sabe, nós já viajamos há muito tempo com Karol Wojtyla."

"Só não queríamos que alguém bisbilhotasse a coisa."

"Eu nem queria isso, mas agora está resolvido."

O padre me olhou pensativo: "Arturo Mari estava presente na ocasião. Eu sei. A foto com a pomba é dele."

Eu pensei: Que pomba? Mas respondi: "Ele me disse."

"Também aqui na Cidade do México ainda há testemunhas que estiveram presentes lá."

"Ah, é?"

"Eu gostaria de fazer algo pelo senhor", disse o legionário. "Por assim dizer, para recompensar. Se o senhor me dá sua palavra de que não vai escrever a respeito enquanto Karol Wojtyla estiver vivo, então lhe conseguirei contato com uma testemunha mexicana. Eu acho que ela viu algo que Arturo Mari não viu."

"O senhor tem a minha palavra."

Ele pegou uma caneta elegante e muito cara da jaqueta e anotou um endereço.

"Ele agora é padre aqui na Cidade do México, este é seu endereço. Diga-lhe que falou com Pedro, dos legionários, da organização da viagem do papa." Eu agradeci e peguei um táxi.

O PAPA PROCURA UMA CRIANÇA

A igreja de D. Pablo era completamente diferente do que eu esperava de uma igreja. Quando desci do Vocho, pensei ter chegado ao endereço errado. Diante de mim havia um tipo de garagem com uma parede de tijolos que não parecia estar completamente terminada. Em algum lugar também haviam afixado uma cruz. Portões de metal como num estábulo trancavam a igreja. Ela parecia pronta para demolição, apesar de ainda estar em construção. Dentro tudo estava radiante, o chão de concreto estava limpo, os bancos estavam em fila, um sacristão preparava o altar para a próxima missa. Numa das capelas laterais, diante de uma imagem de Nossa Senhora de Guadalupe, um padre estava ajoelhado. Me sentei no banco da igreja e esperei. Em algum momento ele acabou sua oração e se levantou. Fui até ele e perguntei baixinho: "O senhor é D. Pablo?"

Ele balançou afirmativamente a cabeça. Eu lhe disse quem me mandou. Era um pequeno homem redondo como uma bola, com uma cabeça vermelha e pequenos olhos espertos. Ele balançou a cabeça de um lado para outro e disse: "Infelizmente não lhe posso dizer nada, mesmo que D. Pedro o tenha mandado. O senhor sabe, os senhores no Vaticano não querem que se conte a respeito."

"Tudo bem, o legionário achou que eu deveria escutar o que o senhor viu; mas meu amigo Arturo Mari também pode me contar o que aconteceu na ocasião."

"Ah, sim, Arturo. Ele também estava presente. Mande lembranças a ele, por favor, naturalmente ele pode dizer exatamente o que fotografou no momento; mas eu posso dizer o que senti, desde que me prometa que..."

"Eu sei, eu sei, nenhuma palavra. Eu sei que não escreverei nenhuma palavra enquanto o papa estiver vivo."

Ele se sentou num banco da igreja e eu me sentei ao seu lado.

"O senhor sabe o que foi tão incrível naquele dia?"

"O senhor se refere ao 12 de maio de 1990?"

"Sim, claro, a visita do papa em Zacatecas. Ele saiu do avião e a primeira coisa que pensei quando o vi foi: o que ele está procurando? Ele descia a escada e a incrível massa de pessoas o ovacionava. Ele cumprimentava e benzia as pessoas ao seu redor, mas eu tinha a sensação de que ele procurava por algo específico na multidão. O bispo, os padres que esperavam por ele, tudo isso não o interessava realmente, ele era simpático, apertava as mãos, mas não foi por isso que veio. Eu senti isso nitidamente. Ele se virava o

Jogando futebol com o papa: como primeiro papa eslavo na história, João Paulo II arrumava tempo para jogar futebol com uma criança – durante o encontro com as famílias em sua residência de verão em Castel Gandolfo.

Bispo Piero Marini, chefe de cerimonial do papa João Paulo II desde 1987, diante do caixão do falecido Karol Wojtyla. Também no último dia em que o papa foi levado para a Praça de São Pedro, Marini ficou ao seu lado; ele deixou para seu substituto Enrico Vigano a honra de celebrar o funeral ao lado de Joseph Ratzinger.

Brincando de esconde-esconde no manto vermelho do papa – e isso ainda durante uma audiência geral na honrosa "sala de audiências papa Paulo VI". Até a posse de João Paulo II, havia regras rigorosas para a visita de Sua Santidade também para crianças.

Karol Wojtyla revolucionou o cargo de pontífice: um papa de esquis, que visivelmente se divertia descendo durante três dias as montanhas Adamello, perto de Brescia, enquanto seu anfitrião, o então presidente italiano Sandro Pertini, assistia de um veículo para neve.

Desde o primeiro momento, o papa não era bastante tradicional para a cúria. Em vez de respeitar o protocolo vigente há séculos e receber os cardeais após sua eleição sentado no trono, e deixando que os cardeais se ajoelhassem diante dele, o papa insistiu em recebê-los de pé e abraçá-los. Ele disse: "Eles são meus irmãos".

O local de trabalho do fotógrafo do papa, Arturo Mari: sempre ao lado do papa. Ele passou toda sua vida profissional fotografando seis papas. De Pio XII e João XXIII, passando por Paulo VI e João Paulo I, até João Paulo II e agora ainda Bento XVI.

O papa João Paulo II e um de seus servidores mais fiéis: o chefe de viagens Roberto Tucci. Um simples padre jesuíta que nunca foi consagrado bispo recebe a honra de cardeal, apesar de ter relutado com todas as forças; ele queria continuar um simples servidor.

Tocar o papa uma vez, o sonho de milhões de católicos. Com o papa João Paulo II isso se torna realidade para muitos fiéis: Karol Wojtyla será o primeiro papa que pode ser tocado, que elimina a pomposa *sedia gestatoria,* o trono em que papas se deixavam carregar durante 500 anos. Ele vai com os próprios pés até as pessoas.

O papa João Paulo II e seu cirurgião, o professor Francesco Crucitti. O cirurgião que salvou a vida de Karol Wojtyla numa operação de seis horas após o atentado ao papa acredita que uma "mão invisível" desviou a bala no corpo dos órgãos vitais do papa.

O papa João Paulo II em sua capela particular, no apartamento do palácio apostólico. Em seu banco de oração, as freiras colocavam os pedidos dos desesperados do mundo, que se dirigiam para o papa, pedindo-lhe que intercedesse junto a Deus por eles.

Fora esse momento um acaso ou um milagre? O papa benze Heron Badillo, com leucemia, uma pomba branca voa no mesmo momento sobre o papa e a criança. O menino fica completamente curado.

O papa João Paulo II encontra o monsenhor Slawomir Oder em Torun, em 1999, o homem que, depois de sua morte, investigará se João Paulo II pode ser beatificado. Slawomir Oder está convencido de que o papa João Paulo II sabia isso de antemão e por isso o chamou para o Vaticano.

O papa João Paulo II amava as montanhas. Mesmo em idade avançada ele andava durante horas pelas montanhas nas férias sempre que podia, ele, o "maratonista de Deus", o "padre apressado".

O papa João Paulo II no Santuário da Divina Misericórdia, em Cracóvia. Karol Wojtyla morrerá precisamente nas horas em que começa a única festa da Igreja que ele mesmo inseriu no calendário católico, a festa da Divina Misericórdia, no primeiro domingo depois da Páscoa.

Será que João Paulo II realizou milagres ainda em vida? Essa foto mostra uma cura incrível ou um acaso? Ugo Festa (de cadeira de rodas) sofria da incurável esclerose múltipla, peregrinou com o quadro da Divina Misericórdia até o papa. Ele ficou inteiramente sadio.

Será que essa foto realmente mostra o momento em que acontece um milagre, como acredita o bispo Kelvin Felix, da ilha caribenha de Santa Lúcia? O papa João Paulo II benze, na Basílica de Castries, Kevin Jeremies nos braços de sua mãe, em seguida ele se cura de uma deformação.

Visita da família Englisch ao papa João Paulo II. Leonardo Englisch, na época com seis anos, e o autor Andreas Englisch, durante uma audiência privada. A assinatura original do papa na imagem é uma das últimas de sua vida; ela é de março de 2005.

Em vez de em um trono, ele preferia sentar-se com os pobres. Essa visita não estava prevista: o papa viu o barraco da pobre família, pegou um assento e se sentou com eles, o refrigerante foi trazido do carro pelo motorista. A pobreza chocava tanto o papa que ele criou a Fundação João Paulo II para o Sahel.

Um herói que supostamente viveu um milagre. D. Alessandro Overa (2° à esquerda) luta contra a máfia napolitana Camorra na periferia de Nápoles. Uma doença terminal o deixou de cadeira de rodas. Depois que o papa rezou por ele, a doença desapareceu.

Com as mãos vazias, o papa João Paulo II coloca até a máfia de joelhos, nesse dia de maio de 1993 em Agrigent, na Sicília. Depois do apelo do papa aos gângsteres para se converterem, um "padrinho" da Camorra, em Nápoles, Carmine Alfieri, decidiu contar o que sabia: mais de 400 mafiosos acabaram atrás das grades.

tempo todo e eu me perguntava de novo: o que ele quer? Estão todos aqui, os peregrinos, os padres, os políticos, o que ele está procurando? Eu estava bem próximo dele. Ele fazia o que se exigia dele, ficava com as pessoas importantes que o esperavam no aeroporto, mas ele olhava sobre suas cabeças para o grande público. Eu tinha a sensação de que ele tinha um compromisso, que algum amigo antigo, um padre, um colega o esperava em algum lugar na multidão e que o procurava. Mas o que quer que procurasse, não o achava. A cerimônia de boas-vindas tomava seu rumo e, de repente, o papa João Paulo II atravessou o mar de pessoas como se tivesse sido puxado por uma coleira. A polícia ficou perplexa, porque ele simplesmente foi. Seu olhos rodavam constantemente, como se ele soubesse que algo que o esperava tinha que estar ali, mesmo que não soubesse o que era. Sei que tudo isso parece totalmente maluco, mas acredite, perto dele há algo especial que eu não conseguiria explicar."

"Eu sei", disse eu.

"Até hoje nunca contei a nenhuma outra pessoa o que senti naquele dia em Zacatecas, mas me parecia que uma voz lhe dizia: Continue, você precisa encontrar essa criança! O senhor conhece essa situação. Milhares se aglomeravam em torno dele, queriam tocá-lo, mas somente os mais fortes conseguiram conquistar um lugar na barreira pela qual João Paulo II passou. Mas o papa procurava uma criança. No entanto, a criança já estava tão doente que a mãe que a trazia nos braços não se atrevia a se acotovelar mais à frente. Ela estava muito distante do papa. Eu lhe juro, eu não consegui ver a mãe nem a criança, só vi a massa de pessoas. Mas Karol Wojtyla continuou andando, continuou, e olhava para os lados – e de repente ele viu. No meio da multidão, presa numa grade de bloqueio distante, estava a mulher e o papa foi diretamente para a criança. Mais tarde soubemos que a criança se chamava Heron Badillo e estava desenganado, com leucemia, e os médicos só tinham lhe dado mais algumas semanas de vida. O papa benzeu a criança, a acariciou, beijou a cabeça calva. Ao lado da criança alguém segurava uma pomba. O papa fez para a criança um gesto como: 'Não tenha medo, a doença sairá voando com a pomba.' E então a pomba realmente voou para o céu. O papa acariciou a criança, ele me pareceu aliviado e feliz. Como se tivesse feito o que tinha que ser feito." (ver imagem na página 136).

"O que o senhor acha? Foi um milagre?"

"Ora, a Igreja tem dificuldade com milagres realizados com as pessoas ainda em vida. O senhor sabe disso. O senhor acredita em milagres?"

"Não, na verdade não. De onde era a família?"

"De Rio Grande."

"Isso é muito longe?"

"Aproximadamente uma ou duas horas de Zacatecas."

"Longe demais para mim. Então nunca poderei perguntar para a mulher e a criança o que realmente aconteceu na ocasião", disse eu – mas nisso eu me equivoquei.

OBRIGADO POR UMA SEGUNDA VIDA

Cidade do Vaticano, janeiro de 2004. A dica veio de uma colega mexicana, que me ligou e disse: "Ele está aqui!"

"Quem? Quem está aqui?"

"Você não sabe? Há dias não se trata de outra coisa, se ele realmente virá: Heron Badillo."

O nome me parecia conhecido, mas inicialmente eu não sabia de onde. "Heron quem?"

"Você está por fora? A criança doente do México."

Agora caiu a ficha.

"Ele será recebido pelo papa depois da audiência geral, depois os pais se encontrarão com o cardeal Javier Lozano Barragan."

"Eu irei", disse eu.

Nesse dia gelado e ensolarado, fui para a audiência geral e de fato, ali estava toda a família de Rio Grande que me ocupou durante tanto tempo, Maria e Felipe Badillo e o agora já jovem adulto Heron, que teve uma doença terminal. Meu coração bateu mais forte, finalmente eu poderia perguntar o que realmente aconteceu na época. Maria Badillo, a mãe, contou: "Heron tinha quatro anos, uma criança completamente normal, gostava de brincar, mas de repente ficou cada vez mais magro, perdeu os cabelos e parou de brincar. Eu o levei ao médico. O resultado foi horrível: disseram-me que ele tinha câncer no sangue, leucemia. Também me disseram que quase não havia chance de curá-lo. Na época ainda não se conhecia as terapias que existem hoje. Tratavam com quimioterapia. Era terrível assistir. Ele ficou ainda mais magro, parecia se apagar como uma vela fraca. Depois, quando tinha cinco anos, ele me disse. 'Mama, ouvi na televisão que o papa virá para Zacatecas. Por favor, me leve para lá.' Um conhecido nos arranjou passagens para irmos para Zacatecas e nos deixou no aeroporto perto da rua por onde o papa passaria. Levantamos cedo, eu o vesti, mas ele me disse: 'Coloque outra roupa em mim. Hoje verei o papa.' Quando chegamos em Zacatecas, havia uma multidão incrível de pessoas. Heron estava fraco, eu não podia me acotovelar na frente com ele. Estávamos encurralados na multidão, muito distantes do lugar em que o papa saiu do avião. Então aconteceu algo inacreditável: o papa parecia nos procurar."

Minha respiração ficou suspensa. O que aquele padre mexicano me disse na época, o que o tinha deixado tão perplexo? "Seus olhos rodavam constantemente pela multidão, como se soubesse exatamente o que tinha que procurar." A mulher continuou contando: "Eu estava ali com Heron e o papa atravessou a praça e veio em nossa direção, como se soubesse que esperávamos por ele. Ele não disse nada. Eu o olhei nos olhos e senti que ele entendia o sofrimento de uma mãe. Ele acariciou Heron com incrível ternura, depois o beijou na cabeça. Nesse instante uma pomba voou, eu pensei, agora tudo ficará bem. O papa continuou e eu senti como Heron ficou feliz. Fomos para casa e, quando chegamos, meu filho disse: 'Estou com fome.' Era a primeira vez em muito tempo que ele queria comer algo, era frango."

Maria Badillo chorou quando contou sua história, e ele chorou quando o levaram ao papa João Paulo II depois da audiência geral. "O que disse ao papa?", perguntei a Heron depois da audiência.

"Obrigado! Obrigado pela minha segunda vida."

Somente uma vez o papa falou com um colaborador sobre o caso. Ele disse ao cardeal Barragan: "Que coisas milagrosas Deus consegue realizar."

A LUTA DE KAROL WOJTYLA

Torun, Polônia, 7 de junho de 1999. Até hoje vejo os acontecimentos desse dia diante de mim, e ainda assim não posso acreditar o que aconteceu. Pousamos com o helicóptero em Torun. Nessa 87ª viagem ao exterior, o papa João Paulo II trabalhou demais. Ele se levantou às cinco horas da manhã, às oito celebrou uma missa no Santuário de Nossa Senhora, em Lichen, voou para Bydgoszcz, onde celebrou outra missa, para voar até Torun depois do almoço. Ali um homem de 39 anos o esperava. O jovem padre Slawomir Oder foi encarregado de uma tarefa que normalmente só senhores mais velhos podem realizar. Como postulador, ele deveria preparar uma beatificação. A escolha caiu sobre o padre loiro com parcos cabelos porque seria beatificado um homem que morreu muito jovem: Din Wincenty Frelichowski, que tinha apenas 32 anos de idade. Filho de um padeiro, tornou-se padre em 1937. Seu nome estava na lista negra da Gestapo: ele seria uma das vítimas daquela estratégia da Gestapo de destruir a Igreja católica. Depois da ocupação da Polônia, em 18 de outubro de 1939, ele foi preso e a partir desse momento até sua morte passou pelo inferno. Após breve encarceramento na masmorra do castelo de Torun, ele foi para os campos de concentração de Stuthaff, de Sachsenhausen e, finalmente, de Dachau. No campo havia febre tifoide, e o jovem padre ajudava os doentes do jeito que podia, até que ele mesmo adoeceu. Ele precisaria ter suportado mais alguns meses para viver o fim da guerra, a libertação de Dachau pelas tropas americanas no dia 29 de abril de 1945. Mas ele não conseguiu e faleceu no dia 23 de fevereiro de 1945. Essa história de vida foi preparada pelo jovem padre Slawomir Oder, analisada minuciosamente e o candidato foi considerado digno de ser beatificado como padroeiro dos escoteiros católicos.

Oder parecia jovem, e também atlético e esbelto, o oposto de muitos religiosos obesos em volta de Karol Wojtyla. Se não fosse tão magro, podia ser considerado um homem muito atraente. Ele tinha olhos espertos e estava incrivelmente nervoso quando foi apresentado ao papa João Paulo II. Sobretudo para os padres da Polônia, Karol Wojtyla já era na época um herói único e brilhante, um homem que há muito tinha entrado para a história, uma lenda viva, o primeiro papa eslavo da história, um papa que ajudou a trazer liberdade para seu país. Eu me lembro que quase fiquei com pena de Slawomir Oder em Torun. De tanto respeito pelo papa, ele parecia congelado, como uma escultura: ele não sabia como se comportar, como andar, como deveria ficar em pé. Na verdade, não havia nada de especial nessa situação. Nessa época, o papa absolveu centenas de beatificações e de canonizações, encontrou centenas de postuladores como Slawomir Oder.

Acho que naquele 7 de junho de 1999 ele não supôs estar diante do jovem homem que mais tarde investigaria sobre sua própria beatificação, a de Wojtyla, que analisaria cada milagre que Karol Wojtyla supostamente realizou após sua morte. O papa saudou o jovem Slawomir Oder de modo simpático e estimulante, e deu a entender que não precisava ficar com medo do monumento Karol Wojtyla. Mas o que deve ter acontecido nesse momento eu dificilmente consigo imaginar. Eu gosto muito de Slawomir Oder. Ele é um homem simpático e culto, que tem as duas pernas no chão – o contrário de um louco. Ele não é um místico e também não é maluco. Ele trabalha como cientista, é esperto e atento. Exatamente por isso, o que ele conta sobre esse dia e os anos posteriores é tão inacreditável. Nós conversamos em seu escritório no Palácio de Latrão em 2006 e ele me disse: "Eu tenho certeza de que o papa sabia que um dia eu seria o homem que ia preparar sua beatificação."

"Impossível", objetei. "Quando ele estava vivo, ainda não tinha sido estabelecido quem seria o postulador para o processo de Karol Wojtyla e, com todo respeito, quem pensaria que o senhor, um homem ainda jovem, receberia uma tarefa tão enorme?"

"Ninguém. Eu já disse que acho a tarefa grande demais para mim. Naturalmente, não estava claro que eu deveria fazer isso, mas ele sabia mesmo assim. Acho que ele queria olhar nos meus olhos. Acho isso, porque aqui em Roma ele me convidou, mais tarde, para jantar. Não havia motivo para isso. Eu não era um padre importante, não suficientemente importante para ter um jantar particular com o papa. Acho que ele me convidou porque sabia que alguns anos mais tarde eu seria responsável pelo processo de sua beatificação. Acredito piamente nisso."

Será que Karol Wojtyla sabia, antes da beatificação do escoteiro, quando lhe apresentaram o jovem padre loiro e nervoso, que esse homem um dia analisaria sua vida, leria cada carta, examinaria cada documento, para poder dizer com boa consciência que Karol Wojtyla merecia a beatificação? Podia Karol Wojtyla ver o futuro? Se Slawomir Oder não fosse um homem tão íntegro, sério e racional, eu diria que ele se equivocou com sua teoria. Mas eu sei que ele é honesto quando fala de sua forte crença de que Karol Wojtyla queria lhe falar porque sabia: 'Esse homem um dia preparará minha beatificação.' Será que queria dar a Slawomir Oder a possibilidade de vê-lo uma vez de perto, para olhar tranquilamente nos seus olhos e poder fazer uma imagem de se esse homem merecia ser beatificado? Será que Karol Wojtyla também era um profeta, um homem que não só estava muito perto de Deus, mas também a quem Deus permitia olhar para o futuro? Não sei se existem pessoas com dons proféticos, como relata a Bíblia no Antigo e no Novo Testamento. Mas eu não conseguia imaginar que houvesse profetas atualmente, e ainda menos que eu mesmo conhecesse um profeta, em cujo séquito permaneci durante mais de uma década. Porém, não considero o monsenhor Slawomir Oder um mentiroso, nem um impostor ou alguém que se queira fazer de importante. Não tenho nenhuma dúvida de sua profunda convicção de que Karol Wojtyla podia olhar para o futuro – e talvez Slawomir Oder realmente tivesse razão.

UM PAPA ABRE AS JANELAS

No plano político, já havia, há muito tempo, o boato no Vaticano de que Karol Wojtyla possuía dons proféticos.

Esse boato, de que o papa João Paulo II podia ver o futuro, surgiu nos anos 1980. A secretaria de Estado tentava há décadas continuar a velha orientação da convivência pacífica com o comunismo. O secretário de Estado cardeal Agostino Casaroli (que foi de 1° de julho de 1979 até 1° de dezembro de 1990) acreditava que a Igreja católica ainda precisaria conviver muito tempo com o império soviético. Ele queria continuar com sua cautelosa política de aproximação, sobretudo não queria briga com os poderosos comunistas. Karol Wojtyla, ao contrário, nunca escondeu que estava convencido de que o império soviético ruiria em pouco tempo. Ninguém no Vaticano acreditou que o papa podia ter razão. Mesmo a política externa dos Estados Unidos do governo Ronald Reagan partia do pressuposto de que os Estados do Pacto de Varsóvia ainda dividiriam o mundo em leste e oeste durante um longo período. Talvez ninguém no mundo se ocupasse profissionalmente, na década antes da queda do Muro, tanto com a questão de se o império soviético poderia ruir, como o ministro da defesa dos Estados Unidos Caspar Weinberger, que esteve no cargo durante o governo de Ronald Reagan, entre 1980 e 1987. Ele não escondeu sua convicção de que os Estados Unidos ainda teriam que viver durante décadas com a existência do império soviético. O diplomata alemão Dr. Michael Schaefer, que trabalhou no ministério exterior de Bonn entre 1984 e 1987, fez parte daqueles que diziam sem floreios que, pelo menos na Alemanha Ocidental, poucos contavam com a queda do Muro de Berlim. O papa João Paulo II, ao contrário, estava convencido de que a queda do império de Moscou estava próxima. Ele não gostava do modo cauteloso com que seu secretário de Estado se preparava para longa convivência com os soviéticos. Ele abominava sobretudo as concessões a Moscou, que pareciam covardia para os olhos dos católicos do leste. Assim, Agostino Casaroli tem parte da culpa de que na Hungria, em 1964, conhecidos agentes secretos do partido comunista húngaro tinham recebido a bênção de bispos. O cardeal Giovanni Lajolo, durante muitos anos diplomata e chefe de sessão na secretaria do Estado, me descreveu em seu escritório, na governadoria, a difícil relação dos homens: "Karol Wojtyla e Agostino Casaroli tinham opiniões diferentes sobre como tratar com os comunistas. Às vezes o papa gritava com Casaroli. Eu vi isso. Mas ele se desculpava imediatamente depois."

*

Uma circunstância lendária de Cracóvia cunhou o entorno do papa por décadas. Durante a visita em junho de 1983 à Cracóvia, dez mil pessoas se reuniram diante da antiga sede do outrora bispo de Cracóvia Karol Wojtyla na Praça dos Franciscanos nº 3. A polícia secreta polonesa informou os bispos poloneses que João Paulo II ia manter as janelas fechadas. "Quando o papa entrar no quarto aqui, a janela fica fechada. Não queremos problemas", disse o funcionário do serviço secreto de acordo com lembranças de testemunhas. Quando Karol Wojtyla finalmente entrou no quarto, os padres e bispos poloneses lhe pediram não provocar a polícia secreta. Mesmo que quisesse cumprimentar as pessoas do lado de fora, pediam para que, por favor, abrisse mão disso, para não provocar agitação. Afinal de contas, o clero polonês ainda tinha que viver muito tempo com os comunistas. Mas Karol Wojtyla não obedeceu, ele foi até a janela, abriu e mostrou aos fiéis que não tinha medo dos comunistas e não cogitava obedecer-lhes, e que também não acreditava que ainda se teria que arranjar durante muito tempo com Moscou.

O que separava Agostino Casaroli e Karol Wojtyla era, sobretudo, que Wojtyla conhecia os comunistas. Ele lutou atrás da Cortina de Ferro, por exemplo, por sua igreja em Nova Huta. Casaroli só conhecia o comunismo de salas elegantes em que negociou. Para decepção de Casaroli, o papa discutia muitos problemas relacionados com os Estados do Pacto de Varsóvia com seus amigos poloneses, cardeal Marian Jaworski, seu secretário Stanislaw Dziwisz e outros confidentes – e em polonês. Agostino Casaroli não sabia polonês; depois de sua morte, encontraram em seu apartamento livros de polonês. Aparentemente, ele tentou aprendê-lo. Portanto, sempre havia briga entre Agostino Casaroli e Karol Wojtyla sobre o fato de que Casaroli não queria provocar de jeito algum os soviéticos. Casaroli era contra qualquer ação que Moscou pudesse considerar uma provocação.

Mas um caso extremo separava o papa e seu cardeal secretário de Estado: os combatentes católicos contra o comunismo ateu. Durante a Guerra Fria, existiam numerosos grupos de esquerda que demonstravam, polemizavam e até lutavam com armas contra tudo o que vinha do Ocidente. Desde estudantes revoltados até terroristas, no lado esquerdo tudo estava representado. Os católicos conservadores, ao contrário, tendiam a rejeitar tudo o que fosse extremo. Não houve uma onda de procissões por todo o mundo contra o comunismo, no máximo alguns padres pregavam no Ocidente sobre os grandes problemas da Igreja católica atrás da Cortina de Ferro.

Enquanto o lado esquerdo produziu toda uma geração de ativistas contra o Ocidente, os católicos pareciam inativos; mas isso não era inteiramente correto. Havia uma exceção: o grupo que tinha como exemplo o padre Werenfried van Straaten. O padre, nascido em 1913 nos Países Baixos, fundou, no ano de 1947, a "Ajuda aos padres do leste", que cinco anos mais tarde mudou de nome para a organização que está no mundo todo "Ajuda à Igreja que Sofre", um dos quartéis-generais era Königstein im Taunus. A intenção da organização é ajudar todos os padres que estão acuados. A maior parte dos padres em necessidade na época naturalmente vivia no bloco oriental. A maioria dos membros dessa organização conservadora era inofensiva e simplesmente coletava doações para contrabandeá-las de algum modo para trás da Cortina de Ferro. Mas também havia simpatizantes dessa organização, homens e mulheres, para quem isso não era suficiente. Eles queriam ações concretas para apoiar os cristãos do leste europeu e para isso se expunham ao perigo de serem mandados para um campo penal soviético.

O papa João Paulo II foi, como bispo de Cracóvia, homem de contato da Polônia para a "Ajuda à Igreja que Sofre". Ele conhecia muito bem a organização, que já em 1957 tinha travado contato com seu herói, o primaz polonês cardeal Stefan Wyszynski. Mas para o cardeal Agostino Casaroli, a simples ideia de que a Igreja católica poderia, por meio de comandos especiais de ativistas e suas ações espetaculares, provocar os soviéticos em sua pátria era um horror. Naturalmente, Casaroli tinha simpatia pela organização beneficente "Ajuda à Igreja que Sofre" que foi diretamente vinculada ao Vaticano em 1964, mas ele não queria de modo algum que ativistas dessa organização pudessem ser associados ao Vaticano.

Numa das ações mais espetaculares desse grupo de ativistas, um belga foi preso e mandado para um campo de trabalho soviético. Ele contrabandeou panfletos para a União Soviética e os distribuiu lá. Depois de solto de sua reclusão e deportado para o Ocidente, ele se candidatou a um trabalho no Vaticano. Não havia a menor dúvida de que a secretaria de Estado de Agostino Casaroli não queria nada com esse homem; na melhor das hipóteses, ele seria escondido em algum lugar no grande aparato da Igreja católica, onde ele não seria notado. Mas o papa João Paulo II pensava de modo diferente sobre homens que estavam prontos a ir para um campo de trabalho por ações na União Soviética para apoio da Igreja. Em vez de esconder esse homem, ele cuidou para que viajasse pelo mundo durante quase duas décadas, bem visível, ao lado do papa.

O secretário da congregação papal para as igrejas do leste, o arcebispo Cyril Vasil, disse-me na sede da congregação, a um passo de distância da sala de imprensa da Santa Sé, sobre a situação tensa da época: "Nós precisávamos da ajuda dos católicos do Ocidente. Eu me lembro como datilografamos a Bíblia com papel carbono azul, porque não havia nenhuma onde estávamos. Os dedos sempre me doíam, porque colocávamos tantos papéis uns sobre os outros que tínhamos que bater com força nas teclas para que aparecessem. Na Berlim Oriental havia endereços beneficentes, onde nos ajudavam. A organização dos focolares também era muito presente ali. A ajuda vinha da Alemanha Ocidental ou diretamente de Roma.

Mas será que o papa sabia que o império soviético ruiria porque viveu uma profecia? Porque Deus lhe deixou ver que o império do comunismo ruiria – ou simplesmente viveu tempo suficiente na Polônia para reconhecer o que era inevitável? Será que Karol Wojtyla coletou experiências suficientes para saber que os *soviets* em breve estariam no fim, que o sistema econômico teria que ruir? Será que tudo isso não tinha a ver com uma profecia? Eu não sei, mas sei que em um caso ele acreditou piamente numa profecia, que ocorreu de modo inacreditável.

O SEGREDO DE CRACÓVIA

Cracóvia, Polônia, quarta-feira, 16 de junho de 1999, por volta das 19 horas. Nessa noite eu estava farto do papa e de seu Vaticano. Não queria ouvir mais nenhuma pregação, nenhuma oração, não queria ver nenhuma missa. Há doze dias fui levado de um lado a outro da Polônia num velho helicóptero militar – de Danzig para Pelplin, para Elblag, para Lichen e Bydgoszcz, para Torun, novamente para Lichen, para Elk, Wigry, Siedlce, para Drohiczyn, Varsóvia, depois para Sandomierz, Zomosc, Radzymin, Lowicz, Sosnowiec, Gliwice, Cracóvia e Stary Sacz. Agora estávamos novamente em Cracóvia e, depois de quase duas semanas, eu queria enfim uma pausa e uma cerveja. Como sempre durante as viagens do papa, haviam decretado a "prohibicija", proibição absoluta de álcool. Nos hotéis só havia água e refrigerantes, os frigobares foram esvaziados, os restaurantes e cafés, os bares e as pizzarias se negavam a servir um único copo de cerveja ou vinho. Eu não tinha tempo de ir às compras, mas colegas tentaram e me relataram, decepcionados, que também os mercados esvaziaram as prateleiras de cerveja e vinho. Eu tinha trabalhado muito, às cinco me tiraram da cama, eu tinha passado por uma tempestade no velho helicóptero que balançava ameaçadoramente. Eu tinha escrito, ouvido uma pregação, escrito novamente, visto o papa em devoções, santificações, missas de multidão. Agora eu não queria nada além de uma simples cerveja.

Crédulo como sou, pensei que todos respeitassem a proibição. Mas nessa noite eu vi, no saguão do hotel, alguns colegas poloneses que estavam num ótimo humor e sem dúvida tinham tomado algumas cervejas. Quando lhes perguntei onde estiveram e como conseguiram álcool, eles riram e disseram a palavra mágica: "prohibicija, nós não bebemos nada."

Para mim bastava. Eu posso entender que Karol Wojtyla estivesse preocupado com a sacralidade de suas missas. Quando as mais de 1,5 milhão de pessoas se juntavam no campo de Blonie para uma missa em Cracóvia, então naturalmente havia barracas que vendiam sanduíches. Cerca de dez mil pessoas passaram a noite da segunda-feira, antes da missa campal, à espera, elas precisavam se alimentar. Portanto, diante do altar, na noite fria antes da missa, houve a ameaça de acontecer o maior churrasco da história da Polônia. Se tivessem vendido cerveja, não se poderia evitar que mil ou dez mil tivessem bebido algumas cervejas a mais. Uma missa papal que poderia ser perturbada por alguns católicos poloneses bêbados, e que seria transmitida ao vivo para as televisões ao redor do mundo, não honraria a Igreja da Polônia nem o papa

João Paulo II. As pessoas ainda tinham esperado em vão. O papa estava de cama com febre; pela primeira vez durante uma viagem ao exterior, ele estava doente demais para celebrar uma missa campal. O secretário de Estado cardeal Angelo Sodano teve que ler a missa na terça-feira para a festa de 1000 anos do estabelecimento da arquidiocese da Cracóvia. A proibição total de álcool era absolutamente compreensível. Dos fiéis de determinada cidade que o papa visitava, também se poderia exigir uma noite e um dia sem álcool.

Mas eu tinha acompanhado o papa o tempo todo e para todas as cidades, e enquanto os fiéis, depois que o papa partiu, podiam tranquilamente desfrutar de suas cervejas, eu ia de uma cidade com proibição de álcool para a seguinte – e nessa bela noite em Cracóvia, eu estava farto. O papa já estava melhor, amanhã voltaríamos para Roma. Eu desci para o saguão do hotel, como sempre estávamos no mesmo hotel às margens do Vístula. Desci pelo caminho que acompanhava o rio e decidi encher a paciência do barman no próximo bar até que me desse uma cerveja. Eu tinha aprendido a pedir, "pivo, cerveja". Só que até agora os proprietários de bar na Polônia sempre balançavam a cabeça quando eu entrava e respondiam: "Nada de pivo".

O bar estava mais perto do hotel do que eu imaginava e, quando entrei, o proprietário com bochechas vermelhas me pareceu benevolente e subornável. Mostrei meu radiante sorriso e perguntei tímido: "pivo?" Ele balançou a cabeça. "Pivo quebrada", disse ele, aparentemente não foi difícil me reconhecer como alemão. Eu tentei novamente em alemão: "Por favor, uma cerveja. Estou há duas semanas viajando com o papa." Ele sorriu, não faço ideia se me entendeu, depois ele disse: "prohibicija."

"Eu sei, prohibicija, prohibicija, que droga de prohibicija. Ouça, me dê uma cerveja e eu esqueço imediatamente. Não digo a ninguém que o senhor me vendeu uma cerveja."

Ele sorriu. "Pivo quebrada", repetiu ele.

"Maldição", pensei. Para minha grande alegria, entrou um colega, um padre polonês. Jarek trabalhava para a agência polonesa católica Kai. Pelo menos eu supunha isso, pois sempre andava com uma bolsa com o nome da agência em letras grandes. Ele me viu, me cumprimentou e pediu um refrigerante. Eu sabia que ele falava um pouco de italiano e tentei apelar para sua camaradagem. Eu cochichei: "O garçom não quer me servir uma cerveja. Você pode lhe dizer que não irei denunciá-lo?"

Ele cochichou de volta: "Esqueça! Ele pensa que você é da polícia, que você quer enganá-lo. Ele terá enormes problemas se te vender cerveja. E algo pior do que eu chegar não poderia ter te acontecido. Ele sabe que sou padre; ele pensa que eu também posso denunciá-lo."

"Ótimo."

Ele me puxou para o lado. "Preste atenção, nós, na Polônia, não conseguimos trabalhar direito tanto tempo sem pivo. Hoje à noite haverá uma festa."

"Como? Na Cracóvia não há proibição total de álcool?"

"Correto. Mas a festa será num bar escuro com janelas fechadas, você pode entrar pela porta dos fundos."

"Como vou encontrar isso?", perguntei.

"Muito simples", respondeu. "Eu também vou, nos encontramos em meia hora no saguão do hotel."

Assim conheci Jarek. E sou grato por ele ter me levado a uma das melhores festas da minha vida. Estávamos sentados num bar escuro em algum lugar da cidade velha de

Cracóvia, bebemos cerveja polonesa e celebramos o papa polonês. Foi uma festa realmente bacana. Dançamos um pouco e conversamos. Ainda lembro que no começo falei com Jarek sobre o resfriado do papa.

"Se você me perguntar, essa viagem é a prova de que Karol Wojtyla, apesar dos vinte e um anos em Roma, ainda se sente em casa em Cracóvia e não no Vaticano. É assim com todo mundo. Você se esforça quando precisa trabalhar fora de casa, mas assim que chega em casa, você se deita na cama e fica doente. Talvez tenha sido assim com ele. Ele aguentou desde o dia 5 de junho, mas em Cracóvia, aqui não deu mais. Quando viu seu velho dormitório no palácio do arcebispo, ele pensou: 'agora finalmente posso descansar'."

Jarek ponderou com a cabeça: "Pode ser que você tenha razão. Mas não é a cama que lhe dá a sensação de estar em casa. Aqui é o lugar mais importante da sua vida, o Santuário da Divina Misericórdia."

"Pelo amor de Deus", deixei escapar, "deixe-me em paz com a Divina Misericórdia."

Nesse ano de 1999, Karol Wojtyla me convenceu totalmente com suas realizações de vida. Eu confessava com gosto que ele era um dos papas mais bem-sucedidos da história de dois mil anos de Igreja, mas nunca pude acreditar nas aparições de Jesus que prometia misericórdia divina. A freira Maria Faustina Kowalska relatou que Jesus apareceu para ela e a impeliu a pintar um quadro dessa aparição. O que resultou foi, como acho, uma imagem pouco convincente de Jesus.

"Simplesmente não posso acreditar que Jesus quisesse ser pintado assim, com um raio vermelho e um branco saindo do peito."

Jarek me olhou pensativo. “Se você acha isso ridículo, ou seja, se você não entende, então nunca o irá entender.”

Eu prometi me informar com mais detalhes sobre a irmã Maria Faustina Kowalska. Nós continuamos a festejar, e eu pensei que tivesse esquecido da conversa.

O ENIGMA DE KAROL WOJTYLA

Cracóvia, três anos mais tarde, 17 de agosto de 2002, um sábado. Era 9:30, e eu esperava diante do Santuário da Divina Misericórdia, em Cracóvia, pela chegada do papa João Paulo II. De repente, descobri Jarek no meio da multidão. "Pivo quebrada", disse ele rindo, eu também ri e nos abraçamos. Tínhamos muito para conversar. Ele me contou o quanto a Polônia tinha mudado, eu lhe contei do meu filho. Nós vimos o impressionante comboio policial se aproximar e, com ele, o papamóvel. Ambos olhamos para o velho papa que sofria para sair do veículo. Ele realmente andou um longo caminho, o homem que desde sua eleição vinha pela oitava vez para a Polônia – ele simplesmente não desistia. Na ocasião, ele esteve de cama com aquela gripe, não conseguiu celebrar a missa diante de 1,5 milhão de poloneses que o esperavam há dias. Mas ele prometeu voltar, talvez a última vez antes de sua morte. E ele cumpriu a promessa. Ele não conseguia dar mais nenhum passo e falar lhe custava um enorme esforço, mas ele não pensava em desistir. Ambos olhávamos fixamente para esse velho homem.

Nessa época, havia uma magia ao redor de Karol Wojtyla, não consigo descrever isso de outro modo. Quando ele aparecia, as pessoas ficavam tocadas, mesmo aquelas que não queriam nada com a Igreja. Há muito ele não conseguia mais falar claramente, há muito não alcançava mais os homens com suas palavras. Mas ele simplesmente estava ali. Sua repercussão era incrível. Quando ele vinha, não vinha só um velho e débil papa. Quem quer que viesse ali, com ele vinha algo que não alcançava a cabeça, mas a alma das pessoas, e também a minha. Era difícil para ele manter os olhos abertos, como se sofresse de um cansaço infinito: o olho esquerdo sempre se fechava, o braço tremia e o tempo assolou sua mão. Foram mãos firmes, mãos que antigamente colocavam mochilas nas costas para escalar as montanhas Tatra – com as botas de montanha mais antigas do mundo. Sempre que ganhava novas de presente, ele as dava para outra pessoa que tivesse menos do que ele. Esse homem nunca quis nada para ele e sempre deu tudo. E o que agora ainda tinha a dar já não era muito nessa noite de agosto de 2002. Seu rosto parecia de cera, ele não conseguia mais rir. A face do homem que provavelmente foi o primeiro papa da história que ousou fazer cem mil rirem estava petrificada como uma máscara.

Ora, Santidade, pensei nesse dia em Cracóvia, eu me lembro de tudo, do dia, no Rio de Janeiro, em que você fez todo o povo rir. "Se Deus é brasileiro, o papa é carioca", você disse e as pessoas se matavam de rir. O maratonista do Senhor estava terminando seu caminho. E ainda emanava dele esse espanto: como o mundo era bonito e como Deus fez bem em criá-lo. Deus esteja contigo, velho homem, pensei, quando ele foi empurrado para o Santuário.

"Ele não virá mais", disse Jarek ao meu lado. "Esta é a última vez."

"Sim, também acho. Desta vez ele não veio para falar à consciência da Polônia, ele veio para se despedir, e você sabe o que ele sente? Que isso lhe custa muito, por isso ele estende cada momento, ele olha cada rosto o máximo que pode. Ele amou muito este país e estes homens, e ele sabe que nunca mais os verá."

As forças de segurança nos empurravam para fora porque tinham que mudar alguma coisa. Estávamos sentados juntos diante do Santuário da Divina Misericórdia, pensativos e calados.

"Eu sentirei falta até de vossa prohibicija", disse eu enfim, e tentei sorrir.

"A Polônia perderá seu melhor amigo quando ele estiver morto. Eu temo que perderemos o que nos tornou tão fortes. Karol Wojtyla não poderá mais nos vincular com aquele tempo em que ainda tínhamos que lutar, quando ainda existia Solidarnosc. Se ele não estiver mais vivo, a Polônia será um país inteiramente diferente", retrucou Jarek.

Sentamos num dos muros do santuário.

"Pelo menos não sentirei falta desta caixa horrível."

"Pelo amor de Deus, não deixe ninguém perto dele saber disso, este lugar é absolutamente sagrado para ele", me lembrou Jarek.

"Eu sei, eu sei. Mas todos nós somos um pouco loucos, todos temos um tique. Isto aqui é o dele."

"Se ele pudesse te escutar, ficaria furioso", disse Jarek.

"Olhe em volta. Isto aqui é certamente o santuário mais horrível da Igreja católica em todo mundo. É um castelo de concreto que parece uma mistura de aeroporto, Igreja e centro comercial. Acho que é muito difícil encontrar em algum lugar da Europa uma construção tão feia."

"Tudo bem. A construção é um pesadelo, confesso, mas ele não tem culpa da incompetência do arquiteto."

"Mas se trata do que deve ter acontecido aqui. Você acredita nisso?"

Jarek fechou as mãos sobre a cabeça. "Esqueça Fátima e Lourdes; para ele, aqui é o local mais importante."

O QUE MARIA FAUSTINA KOWALSKA VIU?

Com todo o respeito pelas realizações em vida de Karol Wojtyla, o caso da Santa Maria Faustina Kowalska era o fim. Eu simplesmente não conseguia imaginar que a boa freira realmente viu um grande número de aparições do filho de Deus, Jesus de Nazaré. Pessoas sensíveis imaginam um monte de coisas, mas sua visão mais importante eu não podia acreditar. A irmã Kowalska teve uma visão de Jesus Cristo na cidade polonesa de Plock. Ela escreve em seu diário no dia 22 de fevereiro de 1931: "De noite. Quando estava em minha cela, eu vi o senhor Jesus, que tinha um traje branco. Ele tinha uma mão no alto, para benzer, enquanto a outra tocava o traje no peito, desse ponto ao lado da mão saíam dois raios, um era vermelho e o outro branco. Calada fiquei olhando fixamente para o Senhor, minha alma estava cheia de temor, mas também repleta de grande alegria. Depois de um momento, Jesus me disse: 'Por favor, pinte um quadro segundo o modelo que você vê aqui e escreva em baixo: Jesus, eu confio em você. Eu desejo que esse quadro seja venerado primeiramente em vossa capela, depois em todo mundo. Eu prometo que a alma que venerar esse quadro não perecerá'." De acordo com as indicações da irmã Maria Kowalska, Jesus queria que o mundo o visse assim.

Eu apontei para as inúmeras imagens de Jesus da Maria Kowalska penduradas em frente ao santuário.

"Você realmente acredita que Deus é assim, com raios vermelhos e brancos saindo do peito?", perguntei a Jarek.

Ele me olhou sério. "Ela acha tê-lo visto assim, talvez ela o tenha imaginado assim. Mas não importa se você gosta ou não dos raios vermelhos e brancos no quadro, você nunca entenderá Karol Wojtyla se não compreender sua veneração por Maria Kowalska. É muito mais do que seu tique, como você diz. Pense bem! Ele beatificou e canonizou mais de mil pessoas, mas somente uma vez, com Maria Kowalska, ele fez uma exceção. Ele lhe outorgou a maior de todas as honras: ele colocou sua mensagem central, a mensagem da Divina Misericórdia, no calendário da Igreja católica, para sempre. A partir de agora, sempre o primeiro domingo após a Páscoa será reservado para a Divina Misericórdia. Você não compreende? Com isso ele quer entrar para a história. O ponto central para ele é que Maria Kowalska passou pela experiência da mensagem da Divina Misericórdia. Quando ele era um jovem padre e bispo e foi até o convento, algo deve ter acontecido com ele ali."

Por volta das 12 horas, a missa no Santuário da Divina Misericórdia, na zona industrial Lagiewniki, em Cracóvia, tinha terminado. Agora o papa tinha tempo para descansar. Somente às 18 horas ia encontrar o presidente e o primeiro-ministro em sua casa, no palácio do arcebispo. Jarek tinha que voltar para sua paróquia, que esperava por ele. Lembrei de uma conversa com o amigo do papa, o cardeal Andrzej Maria Deskur, que me disse mais de uma vez que, se eu realmente quisesse compreender o papa, teria que ir ao gueto de Cracóvia. Eu tinha tempo. Não sabia pelo que procurar no gueto, mas decidi ir para lá.

Nesse dia, Cracóvia estava praticamente asfaltada com o quadro da visão de Maria Kowalska, o que não era de se estranhar. Afinal de contas, o papa tinha vindo para rezar no santuário. Do meu ponto de vista, parecia estranha a história da veneração por essa mulher. Elena Kowalska nasceu em 25 de agosto de 1905 e faleceu em 5 de outubro de 1938. Durante décadas o mundo não se preocupou muito com suas visões. Ao contrário, em 6 de março de 1959, a Congregação para a Doutrina da Fé proibiu a distribuição de suas anotações. Em Roma se acreditava que ela imaginou seus numerosos encontros com Jesus Cristo. Mas então o antigo bispo de Cracóvia, Karol Wojtyla, tornou-se papa e no dia 18 de abril de 1993 ele a beatificou e no dia 30 de abril de 2000 a canonizou. Começou assim: esse quadro da visão da Maria Kowalska só existia em alguns lugares da Polônia nos anos de 1970/1980. Hoje conquistou o mundo. Eu o vi numa pizzaria no porto de Sydney, na Austrália, num bar no porto de Toronto, no Canadá, na entrada da Igreja católica em Nova Délhi, na Índia. Acho que o quadro já é mais famoso que a imagem de Cristo da Capela Sistina, de Michelangelo.

Será que essa mulher realmente viu Jesus em seu convento?

Eu perambulava pela Cracóvia e me perguntava pela enésima vez, o que fascinou tanto o papa nessa mulher com essa visão? Em seu diário, ela escreveu como Jesus lhe anunciou o dia do Juízo Final: "Antes de chegar o dia do

Juízo Final, será dado aos homens esse sinal do céu: todas as luzes no céu se extinguirão e uma grande escuridão envolverá a terra. Depois aparecerá uma grande cruz no céu e ali onde as mãos e os pés do salvador foram pregados na cruz, uma forte luz emanará para a terra e a iluminará por algum tempo". Será que Jesus realmente disse algo assim para Maria Kowalska, ou a mulher imaginou isso em sua meditação mística? No dia 10 de outubro de 1937 ela escreveu que, para Jesus de Nazaré, uma determinada hora do dia é especialmente importante. Ela anotou que Jesus lhe disse: "Às três horas da tarde peça a minha misericórdia divina especialmente para os pecadores, imerja em minha paixão, nem que seja por apenas um breve momento, imerja no momento de minha morte. É uma hora de grande misericórdia para todo o mundo. Eu te permitirei adentrar em minha triste mortalidade. Nessa hora eu não negarei nada à alma que me implora em nome da minha paixão". Será que Deus realmente disse isso assim para ela? Será que ele falou com ela sobre a hora de sua morte? Será que ela imaginou, fantasiou, será que era simples mentira, ou era uma visão do filho de Deus?

A FREIRA COM QUEM HITLER NÃO CONTAVA

Nesse dia não havia uma só loja em Cracóvia que não estivesse decorada com imagens do papa ou com os quadros da Santa Maria Kowalska. Eu vi um restaurante chinês com a imagem da freira. Em seu traje da ordem, o hábito, ela parece esbelta e incrivelmente séria. Ela parecia muito frágil, mais como uma criança do que uma jovem moça. Quem quer que a tenha pintado, deve ter visto muito bem como ela era magra. Com sete anos, dois anos antes da primeira comunhão, ela supostamente ouviu o chamado de Deus que a impelia a levar uma vida perfeita e dedicada a Deus. Mas a pobreza inicialmente lhe fecha o caminho para o convento. Seus pais a "colocaram para trabalhar": trabalhou como doméstica para uma família em Aleksandrow, perto de Lodz. Hoje não se usa mais a expressão "colocar a filha para trabalhar". Mas me lembro bem de minha mãe quando me contava, cheia de energia e entusiasmo, a história de nossa família na Silésia, a história de minha tia-avó Maria, que evidentemente foi colocada para trabalhar assim como duas irmãs de meu pai. Elena não aguentou muito tempo o trabalho como doméstica. No verão de 1920, ela pediu para sua mãe para entrar para um convento. Os pais rejeitaram isso decididamente. Mas ela procurou um trabalho, migrou de família em família, sua meta era uma só: ganhar bastante dinheiro para conseguir o dote, que na época se exigia nos conventos, para uma futura noiva de Cristo. Mas o projeto falhou.

Os conventos rejeitavam a jovem moça, também porque não queriam problemas com os pais de Elena Kowalska. Eles tinham deixado claro para a moça que não queriam sua entrada para um convento. Entretanto, Deus entrou em jogo, como escreveu Maria Kowalska em seu diário. Ela ouviu uma voz que lhe ordenou "ir imediatamente para Varsóvia"; ali entrou para um convento. E assim aconteceu. Elena Kowalska entrou para a Congregação das Irmãs de Nossa Senhora da Misericórdia com o nome de irmã Maria Faustina Kowalska. Ali, Cristo lhe apareceu no dia 22 de fevereiro de 1931 e lhe encarregou de mandar pintar o famoso quadro que retrata a visão do filho de Deus. Irmã Maria Kowalska estava convencida de sua missão. Ela se dirigiu ao seu pai espiritual, D. Michal Sopocko, e lhe revelou o que Jesus encomendou. Michal Sopocko concordou com o plano de mandar pintar o quadro que Maria Kowalska vira. Ele encarregou o pintor devoto Eugeniusz Kazimirowski da tarefa de pintar as visões da irmã Faustina. No quadro se vê um homem numa túnica branca, de cujo peito saem raios. Novamente me perguntei: será que Deus realmente é assim?

Enquanto isso, cheguei ao gueto, perambulei pelas ruas, olhei para os terríveis materiais sobre as deportações. Na praça em frente aos restaurantes, no coração do gueto, um velho senhor de quipá vendia recordações, estrelas de Davi, documentos pela lembrança da visita ao gueto e também quadros de Jesus da visão de Maria Kowalska. Para minha surpresa, ele falava bem inglês, pois trabalhou como guia para judeus dos Estados Unidos.

"O senhor oferece aí um Jesus", disse para ele.

"Sim, e daí?", respondeu ele. "Jesus era judeu."

"Sim, mas o papa polonês estima esse Jesus em especial, hoje ele esteve lá para rezar."

O homem riu. "Não diga. Não só Wojtyla, toda Cracóvia peregrinou para lá na guerra."

"Por que isso?"

"O senhor, como alemão, não entende isso? Isso me espanta; o senhor deveria entender logo."

"O que o senhor quer dizer com isso?"

"O senhor teve professores ruins ou não sabe que a raça superior de Hitler queria fazer de nós, poloneses, escravos? Vocês é que queriam ser o povo superior."

"Mas isso deu bem errado", retruquei.

Ele me olhou de modo penetrante. "Hoje se vê as coisas assim, mas na época muitos pensavam que o destino da Polônia era uma longa escravidão. A Alemanha ganhou a guerra em poucas semanas. Havia muitos poloneses que pensavam que não nos restaria nada senão morrer e obedecer, que os poloneses estariam perdidos. O que o senhor acha? Quantas pessoas em Cracóvia tinham esperança de que a irmã Kowalska, com suas visões, tivesse razão e que existisse algo como a misericórdia divina, de que a raça superior alemã não tivesse ganhado definitivamente, por todos os tempos, e que Deus seria misericordioso conosco, poloneses? E quando os alemães mais tarde fugiram, muitos pensavam que Hitler realmente não podia com essa Maria Kowalska."

"Mas, como judeu, o senhor não acredita que nesse quadro realmente se vê Jesus de Nazaré, não é?"

Ele riu de novo. "O senhor não sabe o quanto isso não me importa. Também para Karol Wojtyla era indiferente o que se via nesse quadro. Independente do que a freira tenha visto, sempre se trata da mensagem, trata-se de que durante anos não tivemos nem a esperança de que a Polônia podia se reerguer. Eles mataram nossos melhores homens, mataram todo mundo, nós estávamos no chão – e então essa faísca de esperança, de que Deus poderia ser misericordioso e que os senhores de Berlim ao redor de Adolf Hitler poderiam não ter a última palavra."

De repente, eu percebi que esse homem tinha razão. Foi isso o que cunhou a cabeça e o coração de Karol Wojtyla, que ia trabalhar de sapatos de madeira e obrigado nas fábricas Solvay, em Cracóvia, enquanto a "raça superior" alemã oprimia seu país. Eles não vão ganhar. Seria isso o que manteve de pé na época a Cracóvia e Karol Wojtyla? Depois da ocupação da Polônia pelo exército de Hitler, a ideologia sem Deus parecia ter ganhado facilmente da devota Polônia. Os vencidos viviam a experiência da completa falta de saída, o "império de mil anos" de Hitler parecia uma ameaça real ao povo escravo polonês; a vitória alemã parecia completa e duradoura. Acreditar, na época de que poderia existir algo como uma providência divina, que tornaria tudo melhor, parecia uma completa piada. Só no convento de Cracóvia, em que Maria Faustina Kowalska viveu, saudava-se contra toda experiência a misericórdia divina e se acreditava piamente que Deus em sua misericórdia não deixaria que o povo polonês se transformasse em um povo de escravos. E de fato isso aconteceu: Deus se mostrou misericordioso; o mal não havia vencido – por mais improvável que isso tenha parecido. Foi isso que impressionou tanto Karol Wojtyla e o marcou por toda a vida.

Naquela época, Wojtyla se escondeu em Cracóvia para estudar secretamente teologia, sempre com medo de ser preso e morto pela Gestapo. A guerra relâmpago tirou das pessoas na Polônia qualquer esperança, mas Hitler não contava com a mensagem da Divina Misericórdia de Maria Kowalska, que previu que Deus não permitiria isso, que havia uma misericórdia para o povo escravizado num mundo devastado pelos exércitos de Hitler. Foi isso que Karol Wojtyla nunca esqueceu? Agradeci ao velho senhor e comprei dele um quadro do Jesus da Divina Misericórdia. "O senhor sabe", me contou ele no final. "Em Cracóvia se diz que Wojtyla ficou mais convencido das aparições da mulher desde que realizou um milagre em seu nome."

"Um milagre?", perguntei. "Que milagre?"

Ele encolheu os ombros. "Todos em Cracóvia sabem que houve um milagre, mas não conheço ninguém que saiba o que aconteceu."

De volta a Roma, eu dei uma olhada no que Karol Wojtyla tinha escrito sobre a Divina Misericórdia e o que encontrei me confirmou o que o velho judeu me disse no gueto. Já em 1997, no dia 7 de junho, ele disse: "a mensagem da Divina Misericórdia sempre esteve muito perto de mim e é muito importante para mim. É como se a história dessa mensagem tivesse entrado na experiência trágica da Segunda Guerra Mundial. Nesses anos difíceis, essa mensagem foi um apoio especial e uma fonte inesgotável de esperança, não só para os habitantes de Cracóvia, mas para toda a nação. Isso também foi minha experiência pessoal, que eu levei comigo até o trono de São Pedro e que de certo modo impregnou todo o quadro de meu pontificado."

Um ano depois, em 16 de outubro de 2003, Karol Wojtyla disse sobre sua eleição para papa: "Para mim, foi necessário me dirigir à misericórdia divina para poder responder à questão 'Você aceita a eleição?': por obediência à fé, diante de Cristo, meu senhor, confiando à Virgem Maria, e à mãe da Igreja, tendo consciência das grandes dificuldades, eu aceito". No momento mais importante de sua vida, no momento da eleição para papa, o pensamento decisivo foi a confiança naquilo que Maria Kowalska vivenciou de modo tão dramático num convento, a mensagem da Divina Misericórdia.

A ADMINISTRAÇÃO DO IMPOSSÍVEL

Liguei para meu homem de contato no Palácio de Latrão.

"O que você quer agora?", perguntou o jovem padre.

"Eu só tenho uma pergunta, mas temo que você não queira falar sobre o assunto."

"Você nunca me perguntou algo de que eu gostasse de falar. Eu podia te contar algo sobre as novas igrejas na periferia da cidade ou sobre as ações para o dia da paz, em 1º de janeiro, mas tudo isso, sobre o que eu gostaria de falar, não te interessa."

"Tudo bem", disse eu e simplesmente tentei: "Trata-se de um milagre."

Eu o escutei rindo. "Diga, você não ouve quando falo contigo? Sobre esse tema eu não te direi nenhuma palavra. Entendeu?"

"Trata-se da Divina Misericórdia, essa Santa Maria Faustina Kowalska, um milagre que esteja relacionado com a Divina Misericórdia."

Ele arfava de bom humor no aparelho: "Querido Andreas, para minha alegria posso ser totalmente franco com você. Por toda minha honra e pela salvação da minha alma, não faço ideia do que você está falando. A diocese de Roma não tem nada a ver com um milagre relacionado com a misericórdia divina ou com Maria Kowalska. Temos casos de assim chamados milagres que investigamos, mas nada relacionado com a Divina Misericórdia. Sinto muito". Ele desligou.

Agora eu sabia pelo menos uma coisa: o que quer que estivesse relacionado com esse milagre, não tinha nada a ver com a diocese de Roma. Eu sabia que procurava por uma agulha no palheiro. Eu não sabia de nada, não sabia quando, onde, nem o que, só sabia que aquilo que deve ter acontecido era um milagre imputado a Karol Wojtyla e Maria Kowalska. Isso não era muito. Havia duas autoridades no Vaticano que com certeza sabiam do milagre: a Congregação para a Doutrina da Fé, que tinha que investigar milagres para ver se não havia fraude, e a Congregação para as Causas dos Santos, que tinha que comprovar se foi apenas um caso incomum ou uma intromissão de Deus no mundo. Primeiramente tentei minha sorte com meu conhecido na

Congregação para as Causas dos Santos. Liguei para ele e o convidei para almoçar. Ele confirmou imediatamente.

Não é tão fácil convidar um religioso na proximidade do Vaticano para um bom almoço num ambiente agradável. Em volta do Vaticano há muitas armadilhas para turistas – restaurantes, nos quais se pode comer mal gastando uma fortuna. Depois há bons restaurantes, mas nos quais sempre há outros padres. Muitos padres gostam de se encontrar com jornalistas, até para falar alguma vez com não religiosos. Isso também é válido para importantes membros da cúria, mas eles não gostam de ser vistos com jornalistas. Quem se encontra com jornalistas rapidamente é suspeito de contar segredos. Se um segredo que a congregação não queria se torna público, então o padre que foi visto várias vezes com um jornalista é suspeito de ter aberto a boca. Por isso, procurei por um restaurante que fosse agradável, mas livre de padres. Existe um lugar assim, muito agradável, bom e tranquilo, com especialidades do norte da Itália. Mas pode-se apostar que, com certeza, pessoas importantes do Vaticano comem ali. O restaurante se chama Velando, e serve especialidades não exatamente baratas da Lombardia; mas quem quer ver onde comem os poderosos da cúria em Roma, deveria ousar uma visita, pois comer ali sem ver um religioso é quase impossível.

Por isso me decidi por um restaurante do outro lado da ponte sobre o Tibre, ali há algo como uma sala dos fundos, onde não se é visto tão facilmente, e a comida é muito boa, o público é mais jovem e não muito devoto.

Acabamos de nos sentar, de trocar as costumeiras cortesias, eu mostrei as fotos de meu filho já bem grande, quando o prelado me disse: "Então, diga logo, o que quer de mim? Por favor, não me diga que me convidou para almoçar por puro bom coração."

"Naturalmente que fiz isso. Eu simplesmente queria te ver de novo."

"Deixe de besteira. Então, o que você quer saber?"

"Trata-se de um milagre que deve ter acontecido nos anos de 1990. Mas eu não sei de nada exato, não sei quando e nem onde deve ter ocorrido."

Durante um segundo ele me olhou completamente mudo, eu não sabia o que ele tinha, se estava prestes a ficar muito bravo ou se tinha engasgado. Depois caiu em gargalhada; ele ria tanto que derramou o vinho. Ele não conseguia parar. Eu ajudei a colocar o copo na mesa. Ele bebeu um copo de água e voltou a si.

"O que foi de tão engraçado na minha pergunta?"

"Você sabe o objetivo de nossa congregação? Nos corredores há tantas caixas e pacotes que não conseguimos passar. Sabe o que fizemos? Tiramos todas as salas subterrâneas abaixo da Praça de São Pedro das outras congregações, porque precisávamos estocar ali milhares de caixas – e você sabe por quê? Milagres, milagres, milagres e mais milagres. Nesse mundo, de repente, aconteceu uma enxurrada de milagres. Simplesmente não estamos dando conta. Temos tantos documentos sobre milagres que, sinceramente, não sabemos o que fazer com isso."

"Eu não sabia que tinha atingido essa dimensão."

"Ninguém sabe disso, porque não podemos dizer a ninguém. Mas pense bem. Em seu mandato, Karol Wojtyla já beatificou e canonizou mais de 1.200 pessoas. Para cada beatificação ou canonização, a Igreja católica precisa comprovar pelo menos um milagre, portanto, analisamos centenas de milagres. Você sabe o que mais me irrita? Na minha congregação, que tem quase quatrocentos anos, os padres durante séculos se divertiram mantendo os lápis apontados e iam para casa pontualmente porque simplesmente não havia nada a fazer. Quando é que a Igreja beatificou ou canonizou alguém? Literalmente a cada ano de jubileu. E agora? Parece uma fábrica."

"Vocês têm tanto a fazer porque ele queria tantas beatificações e canonizações?"

"Besteira! Se fosse só isso, não teríamos problemas. O problema é que essa ideia de criar tantos beatos e santos deu gosto às dioceses deste mundo. Antes, nenhum bispo tinha a ideia de mandar investigar um suposto milagre. Deixavam-se os milagres para lugares de peregrinação como Lourdes e Fátima. Mas e agora? Quando algumas centenas de dioceses começaram a requisitar uma canonização, e se ela realmente foi levada a cabo, então todos ficaram com gostinho. O mundo sabe que Karol Wojtyla incentiva processos de beatificação e de canonização como nenhum papa antes dele. Então agora a diocese de Nairobi, a diocese de Sydney, do Rio de Janeiro, de Varsóvia, todas querem ter seu próprio santo. Por isso são encomendados centenas de processos e nós, de algum jeito, temos que trabalhar tudo isso. Apesar de recebermos sempre novas pessoas, simplesmente não conseguimos dar conta da montanha de milagres. E então você me pergunta sobre as circunstâncias de um milagre que deve ter ocorrido em algum momento durante os anos de 1990. Nós temos milhares de casos assim, ninguém ainda se orienta no meio disso tudo."

"Mas todos são realmente milagres?"

Seu macarrão já tinha esfriado e eu o deixei comer um pouco, finalmente ele respondeu: "Digamos assim, há neste mundo sem dúvida um monte de casos médicos que são inexplicáveis. Todo dia eu trato com médicos que não acreditam em Deus ou não no Deus cristão, e que mesmo assim juram ter descoberto um milagre médico. Nossos médicos olham a coisa toda de novo e chegam ao mesmo resultado: hoje em dia não se pode explicar, mas talvez algum dia sim. Pelo fato de haver tantos milagres, nossos médicos se concentram nos milagres extraordinários, médicos."

"Quais seriam?"

"Se pessoas que sofrem de alguma doença mortal, incurável, e ficam sãs. Muito simples. Suponhamos que você tenha uma má-formação do coração, isso nenhum ser humano consegue curar. Se no raio X a má-formação do coração simplesmente desaparece, então os médicos falam de um caso impossível, algo que não pode ocorrer. Portanto, um milagre."

"E se eu te disser que era um milagre relacionado com a Divina Misericórdia."

"A horrível caixa em Cracóvia, que se parece com a mistura de uma rampa de lançamento de foguetes com um centro comercial?"

"Não blasfeme. Para João Paulo II esse local é importantíssimo."

"Sinto muito", disse ele. "Com relação à Divina Misericórdia devemos ter pelo menos algumas centenas de casos. Qual é o seu? Não faço ideia. O que mais você sabe?"

"Nada mais."

"Pelo amor de Deus", suspirou. "Se você não sabe pelo menos algo a mais, eu nunca poderei encontrar o caso, sinto muito. Você teria que me dizer quando e onde aconteceu, preferencialmente ainda quem o viveu e como exatamente o milagre aconteceu."

"Eu não sei de tudo isso, nem onde, nem quando, nem o que aconteceu. Eu só sei que tem a ver com a Divina Misericórdia e que o papa esteve de algum modo envolvido."

"Sem esperança. Esqueça, eu nunca vou encontrar esse caso, ou senão encontrarei centenas. Mas, mesmo assim, você paga a comida", disse ele sorrindo.

"Claro."

"Mas eu te dou uma dica. Suponhamos que aconteceu um milagre, e suponhamos que realmente foi considerado como milagre, então o bispo de Cracóvia teria que ser informado."

"Por quê?"

"Ora, por quê! Essa Maria Faustina Kowalska foi canonizada, e se alguém no mundo declarar que houve um milagre, que a Igreja realmente considera milagre, então a diocese em que a santa viveu precisa ficar sabendo disso. Pelo menos é muito provável que a diocese tenha sido informada."

"Isso já seria um ponto de sustentação", disse eu, e agora também sabia onde tinha que continuar procurando.

*

O papa João Paulo II sempre brincava que não existe só um Vaticano em Roma, mas três. Além do Vaticano, o palácio apostólico em que vive o papa, ainda há o palácio em Castel Gandolfo, a residência de verão dos papas, e, além disso, a piada amarga do papa, a clínica Agostino Gemelli, onde o papa já tinha passado, até o verão de 2002, um total de cinco meses. Mas isso que o papa dizia não era correto, não havia três Vaticanos, mas quatro. Além do Vaticano, da residência de verão e da clínica, ainda havia um centro de poder que influenciava fortemente o papa: a Via delle Botteghe Oscure, a Igreja do Santo Estanislau, a Igreja dos poloneses. Essa igrejinha construída em 1580 pelo cardeal polonês Stanislaw Osio, durante décadas ficou, como que por provocação, exatamente ao lado da sede do Partido

Comunista Italiano. Em Roma, ela ficou durante séculos à sombra. Além dos poucos peregrinos que conseguiam chegar da Polônia passando pela Cortina de Ferro, e além dos poloneses que já viviam no exterior, ninguém se interessava por essa pequena igreja. As famílias romanas mais importantes tinham dividido Roma com suas igrejas esplendorosas em territórios. Eram as esplendorosas igrejas barrocas que deveriam mostrar o poder e a riqueza das famílias de Roma, que, mais cedo ou mais tarde, sempre conseguiram nomear um papa. Mas a pequena igreja do Santo Estanislau não desempenhou nenhum papel no jogo de poder da cidade. Então foi eleito o primeiro papa eslavo, e a igreja do Santo Estanislau de repente subiu ao posto de quartel-general da diplomacia subterrânea de Roma. A igreja é pequena demais para um encontro confiável. Em nenhum lugar pode-se sentar num canto para conversar, como em quase todas as outras igrejas de Roma. Mas também faz parte da igreja de Santo Estanislau um tipo de centro comunitário. Quando se sai à direita, pela saída lateral da igreja, atravessa-se um pátio e se chega a uma grande sala de reunião, embaixo há salas em que se podem ter encontros.

Se havia alguém que sabia de um relatório sobre um milagre na Divina Misericórdia de Maria Faustina Kowalska mandado para o arcebispo de Cracóvia, então esse alguém podia ser encontrado aqui. Na época, o trabalho como especialista em Vaticano trazia consigo o conhecimento de muitos padres poloneses. As muitas longas viagens do papa para a Polônia, para as dioceses de lá, acarretaram que sempre encontrávamos padres poloneses que, na maioria das vezes, estavam eufóricos por causa da visita do papa. Em Roma, esses padres naturalmente visitavam a missa do papa na Basílica de São Pedro, mas quase todos iam pelo menos uma vez durante sua estadia em Roma para a igreja dos poloneses. Eu me acostumei a passar por lá às vezes; aos domingos, me sentava na última fileira e esperava ver algum padre conhecido.

Demorou algumas semanas até que eu revi um jovem padre loiro que eu encontrei várias vezes em Cracóvia. Não conseguia me lembrar de seu nome, por isso esperei pelo fim da missa e fui falar com ele. Ele se lembrou de mim e eu o convidei para um café. Fomos pela Via delle Botteghe Oscure em direção ao Largo di Torre Argentina. Ele se chamava D. Zygmunt. Conversamos por algum tempo, e eu agradeci ao meu destino de estar com um polonês e não com um italiano. É totalmente inútil tentar conseguir uma informação valiosa de um italiano ao tomar café, pelo simples motivo de que com o italiano você vai a um café, engole o café e sai novamente. Tudo isso não demora nem 40 segundos. Um polonês que não vive na Itália e ainda não assimilou os costumes do país, no bar se deixaria convencer a se sentar – e foi exatamente assim que aconteceu. Mandamos trazer um café, o padre polonês ainda mandou vir uma *grappa,* e eu decidi perguntar-lhe abertamente: "O senhor ouviu de um milagre supostamente realizado pelo papa João Paulo II e que está relacionado com a Divina Misericórdia, com a Santa Maria Kowalska?"

"Não, só conheço os milagres que foram utilizados para a canonização de Faustina Kowalska."

"Dizem que houve outro milagre, um milagre relacionado com o papa João Paulo II."

"É mesmo?", perguntou. "Não deve ser problema descobrir isso, caso seja levado a sério e investigado na Polônia. A diocese está tão orgulhosa do santuário que certamente deseja que também se escreva sobre um milagre, caso tenha sido um. Isso certamente ajuda a fortalecer os fiéis, seria um erro esconder algo assim."

Uma pedra caiu do meu coração, o bom polonês era a primeira pessoa que não me tratava como um perigoso criminoso, só porque queria ir atrás de um milagre.

"O senhor poderia sondar se algo sobre um caso assim ficou conhecido na Polônia?"

"Com prazer", disse ele.

"Quantos dias ainda estará por aqui?", perguntei.

"Três dias."

Sugeri convidá-lo para uma pizza, dali a três dias, como despedida. Ele consentiu e combinamos que eu o apanharia em frente ao colégio de padres poloneses.

Eu estava confiante de que o jovem polonês conseguiria as informações. Ele me pareceu tão novo e cheio de frescor, além do mais, tive a impressão de que se sentia lisonjeado de lhe pedirem ajuda na grande Roma, a ele, um padre de província da Polônia. E ele é da opinião de que não se podia silenciar sobre milagres, quando os havia. Pela primeira vez, tudo parecia estar dando certo. Três dias depois, eu estava pontualmente às 19:30 em frente ao colégio dos padres poloneses e, quando o vi chegar, sabia que ia ter problemas, muitos problemas.

"O senhor é uma pessoa maldosa e desonesta", dirigiu-se a mim. "O senhor terá de pedir perdão pelo que fez."

"O que aconteceu?" perguntei, "não será melhor falarmos sobre isso no restaurante?"

"Eu não irei. Não comerei pizza nem coisa alguma com o senhor."

"Mas pelo amor de Deus, o que aconteceu com o senhor?"

"O senhor sabia que não me permitem nem pensar nessa questão sobre o milagre, o senhor sabia disso, não sabia?"

"O que o senhor quer dizer com isso?"

"Eu, idiota, pedi a um bispo, ele estava por acaso conosco no refeitório; ele ficou petrificado como gelo quando o perguntei. Se eu for transferido para uma comunidade em algum lugar das montanhas Tatra, vou me arrepender de tê-lo conhecido."

"Sinto muito", disse. "Eu não sabia que uma pergunta tão simples pudesse ter tais consequências. Eu só queria saber se realmente aconteceu um milagre que é investigado em Cracóvia."

Ele olhou fixo nos meus olhos. "Mas o senhor sabe em que dificuldades está Cracóvia por causa desse milagre?"

"Não faço ideia, não tenho a menor ideia."

Ele me olhou calado, seus olhos literalmente perfuravam os meus. Depois ele andou alguns passos. Eu andei ao seu lado. "Eu acredito no senhor", disse ele finalmente. "Quem é que lhe disse que aconteceu um milagre?"

"O senhor não vai acreditar, mas foi um velho judeu no gueto de Cracóvia, ele vendia lembrancinhas ali."

Ele sorriu um pouco. "Eu o conheço, eu sei, ele é um homem esquisito. Então é dali que o senhor tem a coisa. A notícia de um milagre se espalha de maneira esquisita."

Eu refleti se deveria me atrever a perguntar sobre os detalhes do milagre. Mas não me atrevi, simplesmente continuei andando ao lado dele.

"O senhor me faria um favor, mesmo que não seja agradável para o senhor?", ele me perguntou após um tempo.

"Claro, com prazer", lhe assegurei.

"O senhor pode escrever uma carta para mim? Por favor, coloque a data de uma semana atrás e me peça ali para que eu informe sobre o milagre. O senhor faria isso? Então eu teria algo na mão."

"Mas claro que farei isso."

"Podemos fazer isso já, quero dizer, agora mesmo?"

"Sim, claro!"

Ele tinha consigo uma pasta; fomos alguns passos até um café que estava vazio. Encostamos no balcão. Eu escrevi seguindo suas instruções, que eu, por ser amigo de longa data, por tê-lo conhecido em Cracóvia, lhe pedia informações sobre detalhes do milagre. Quando terminei, ele parecia mais tranquilo e satisfeito.

"O senhor sabe, assim posso provar que eu só queria fazer-lhe um favor."

"Bom", disse eu. "Então agora podemos tomar uma bebida juntos?"

Ele me olhou simpaticamente. "Agora sim, no primeiro momento eu pensei que o senhor queria me passar a perna. Mas o senhor realmente não tem ideia, agora acredito no senhor."

"Do que eu não tenho ideia? O que é tão indizível nesse milagre que ninguém quer falar a respeito? É o papa? Eu sei que o papa não quer que se fale sobre milagres relacionados a ele. Ouvi isso centenas de vezes de seu porta-voz Navarro-Valls. Eu só queria saber se realmente houve algo como um milagre ou se é apenas boato. Eu sei que não posso mesmo escrever a respeito enquanto o papa estiver vivo."

"O problema não é o papa, o problema é completamente outro", respondeu.

"Então o que é o problema?", perguntei.

"Eu me vou agora", disse ele. "Deixarei um pequeno bilhete no balcão. O senhor pode lê-lo e depois jogar fora. Não posso fazer mais pelo senhor." Ele rabiscou algo num papelzinho e depois saiu do bar. Aparentemente dava valor para que não fôssemos vistos juntos novamente em frente ao portão de seu seminário. Esperei um pouco e virei o bilhete. Estava escrito o nome de uma cidade na Bósnia-Herzegovina, Medjugorje.

Mas o que o suposto milagre de Cracóvia, que de algum modo estava relacionado com o papa João Paulo II, tinha a ver com o lugar de peregrinação na fronteira com a Croácia?

MARIA VIRÁ PARA MEDJUGORJE?

Em mais de vinte anos como especialista em Vaticano, não consegui nem cinco convites para uma festa realmente agitada, mas convites para ir a Medjugorje eu recebia uma vez por semana, de algum padre. Medjugorje é um lugar de peregrinação único, incomparável. Esse lugar na Bósnia-Herzegovina não tem nada em comum com Fátima ou Lourdes ou Mariazell, porque em primeiro lugar, Medjugorje não é lugar de peregrinação para peregrinos normais, mas para padres. Medjugorje é algo como um protesto católico e muito devoto contra a Igreja. Não é um protesto de esquerda, não é um protesto de fiéis que querem eliminar o celibato dos padres ou trazer as mulheres para o cargo de padre. É um protesto da direita, da ala conservadora, um protesto que quer a Igreja muito mais devota do que ela é. E nisso se trata simplesmente de milagres. Para a direção da Igreja católica, milagres são vergonhosos ou incômodos. Em sua viagem para Lourdes, o papa Bento XVI frisou, no avião, diante de nós, jornalistas, de que ele expressamente não ia até lá pelos milagres. Para a Igreja oficial católica, a crença num milagre é algo como uma prova de fé fraca. O respectivo fiel ou padre parece precisar de um milagre para poder acreditar no Deus cristão, um tipo de prova, como o incrédulo Tomé exigia, e ao qual Cristo enfim explicou que têm a graça aqueles que nada veem e mesmo assim acreditam. Do ponto de vista de padres muito devotos, isso não é justo. Eles acreditam em intervenções diretas de Deus no mundo, eles acreditam que acontecem milagres no mundo e o exemplo extremo para milagres nesse mundo é Medjugorje. Pois em Medjugorje, e só lá, acontecem milagres ao vivo. Um pequeno grupo seleto pode estar presente quando alguns videntes têm uma aparição. Ali, em Medjugorje, a Virgem Maria supostamente fala regularmente e diretamente com as pessoas que podem vê-la.

Eu não avancei em minhas pesquisas. Não consegui descobrir em que poderia consistir a relação entre um milagre da Divina Misericórdia de Maria Faustina Kowalska e Medjugorje. Um padre italiano amigo me ligou: "Andreas, tenho um convite para participar de uma aparição da Virgem Maria na casa de Marija. Você quer vir comigo para Medjugorje?"

"Vejamos", disse eu. "Você já ouviu alguma coisa de um milagre relacionado com Karol Wojtyla, com a Divina Misericórdia, com a mensagem da Maria Faustina Kowalska e com Medjugorje?"

Ele pensou um momento. "Não faço ideia", disse ele. "Nunca ouvi nada."

Talvez o melhor fosse simplesmente ir até lá e ver. Talvez eu descobrisse o que o jovem padre polonês queria dizer e por que estava tão aflito por causa dos rastros de um milagre. Uma coisa estava clara: a adivinha Marija sabia de tudo o que aconteceu em Medjugorje; se alguém sabia onde tinha um lugar misterioso em Medjugorje relacionado com o milagre da Divina Misericórdia, então era ela.

*

Há duas rotas de Roma para Medjugorje. A maioria dos padres combina entre si e vão de carro passando por Veneza e Trieste, descem a costa da Croácia até Medjugorje. Uma viagem de vinte horas. O caminho mais confortável é voar até Split e continuar de lá com um carro alugado. Em Roma, há uma rede de pontos de encontro para padres entusiasmados por Medjugorje que combinam entre si e oferecem lugares nos carros para a viagem ao lugar de peregrinação. Eu tive sorte: meu amigo padre tinha um amigo devoto na linha aérea da Croácia e nós conseguimos passagens baratas de Roma para Split. Acho que desde Martinho Lutero não há um caso de briga que tenha a força de cindir a Igreja e criar uma nova Igreja, como a protestante, como o enigma de Medjugorje. E isso não está relacionado com os fiéis, mas com os padres. Há muitos milhares de padres católicos no mundo que estão convencidos de que em Medjugorje aconteceu um milagre, um milagre muito importante; e há igualmente milhares de padres que consideram aquilo que aconteceu em Medjugorje uma completa besteira. Não somente os padres são atingidos por essa cisão na Igreja, a briga se estende até o alto colegiado dos cardeais. Há centenas, senão milhares de bispos que vão mais ou menos secretamente para Medjugorje. Eu já vi muitos bispos nesse lugar de peregrinação que tiram sua cruz de bispo e a escondem no bolso da camisa ou da jaqueta. Mesmo cardeais peregrinam para Medjugorje, o mais importante defensor do lugar de peregrinação é o arcebispo austríaco cardeal Christoph Schönborn. Os oponentes de Medjugorje não deixam dúvida de que lá não passa de uma grave fraude. Os bispos da antiga Iugoslávia estabeleceram na Declaração de Zadar, em 1991, que em Medjugorje não aconteceu nada sobrenatural. Consequentemente, a

Congregação para a Doutrina da Fé, de Joseph Ratzinger, proibiu os padres das comunidades católicas do mundo de organizar viagens de peregrinação para Medjugorje. Quem já esteve em Medjugorje sabe que essa proibição é transgredida diariamente. Grupos de peregrinos de todo mundo se acotovelam diante da igreja em Medjugorje, em que se lê uma missa atrás da outra, em que funciona um incrível "aparelho de confissão". Em nenhum outro lugar do mundo vi tantas pessoas pegarem fila para confessar.

Eu, pessoalmente, fiquei infinitamente impressionado com cada visita em Medjugorje, pelo simples motivo de que ali não se pode fazer outra coisa senão perguntar: o que aconteceu aqui? Os adeptos do lugar de peregrinação acreditam que a Virgem Maria apareceu na montanha Cranica, em Medjugorje, a partir do dia 24 de junho de 1981 e transmitiu a seis jovens milhares de mensagens. A Virgem Maria teria previsto a Guerra dos Bálcãs dez anos antes de começar. Desde então, ela supostamente transmite mensagens para os jovens videntes em horas marcadas. Os oponentes do lugar de peregrinação acreditam que os seis jovens tramaram tudo e há décadas mentem tão bem que o grande lugar de peregrinação surgiu. Apesar das reservas do Vaticano, em 2006, 4.503 padres católicos celebraram o lugar. Eu conheci várias vezes os jovens videntes, hoje adultos, e não sei se são notórios mentirosos. Se eles tramaram tudo, se combinaram tudo, e durante décadas mantiveram, então é de se perguntar: para quê?

Do início da primeira aparição, em 1981, até a queda do Muro de Berlim, em 1989, e o declínio da União Soviética, os seis jovens só tiveram problemas na Iugoslávia comunista, graves conflitos com autoridades e com a polícia, porque afirmavam ter visto a Virgem Maria e ter recebido mensagens dela. Por que afirmaram isso, se podiam ir para a cadeia? O que me faz desconfiar disso são as muitas conversas com juízes italianos. Em cada simples tentativa de fraude de seguro, as testemunhas tentam combinar aquilo que supostamente viram; a prática mostra que quase nunca se consegue manter a mentira. Em algum momento algum dos envolvidos quebra o silêncio, sobretudo quando muitas pessoas estão envolvidas no complô e quando passou muito tempo. Mas no caso de Medjugorje, nenhum dos seis videntes jamais mudou sua versão. Por quê? Porque são mentirosos perfeitos ou porque realmente viram a Virgem Maria? Eu não sei.

Eu estava grato que meu amigo padre queria me levar para a aparição da Marija; mas uma viagem com um padre para Medjugorje também é muito cansativa para mim, porque não se pode falar abertamente. Meu amigo de uma paróquia romana se preparava internamente durante a viagem com orações para o encontro com Marija Pavlovic. Ele estava tomado e realizado pelo fato de que estaria presente quando a Virgem Maria aparecesse. O fato de que ele rezaria na mesma sala em que a Virgem Maria, um ser inexplicável, apareceria e até falaria, o colocava constantemente num estado de profunda devoção e ansiedade. Cada vez que desço os morros para Medjugorje me pergunto se esse gigantesco mercado religioso baseia-se somente numa mentira duradoura. Medjugorje não seria nada além de um pobre vilarejo camponês que teve o azar de se encontrar na problemática região entre a Croácia e a Bósnia-Herzegovina – se não fosse pelos jovens videntes. Vicka Ivanovic Mijatovic, Ivan Dragicevic, Marija Pavlovic Lunetti, Jakov Colo, Ivanka Ivankovic-Elez e Mirjana Dragicevic-Soldo fizeram, por causa das visões da Virgem Maria, aparecer um gigantesco centro religioso. As autoridades bósnias calculam de 1,5 a 2 milhões de peregrinos por ano. Centenas de lojinhas de recordações, dezenas de restaurantes, bares e hotéis. Ali, onde ao lado da igreja da paróquia de Medjugorje não havia nada além de arbustos, surgiu um moderno local de turismo com um faturamento de vários milhões de euros. Medjugorje se tornou fator econômico. Quando passo pelos milhares de estatuetas da Virgem Maria que estão à venda, nas barraquinhas de refrescos e nos cafés de luxo pós-modernos, eu me pergunto se tudo isso realmente está relacionado com o fato da Virgem Maria gostar de se mostrar constantemente exatamente neste lugarzinho da Terra.

A mansão de Marija Pavlovic-Lunetti está na saída de Medjugorje, à vista da montanha em que a Virgem Maria deve ter aparecido em 1981. Atrás de um enorme portão de metal com câmeras de segurança, há um enorme estacionamento, suficientemente grande para comportar um monte de ônibus, mas, normalmente, só os carros dos visitantes param ali. Do lado esquerdo, há uma capela em que Marija vivencia uma aparição da Virgem Maria no dia 25 de cada mês. Do lado direito, há uma mansão impressionantemente grande, construída com destroços típicos da região. Marija é hospitaleira, com ajudantes ela prepara, nessa tarde, pequenos tira-gostos, bolos, bebidas como refrigerante e suco para os participantes da aparição. Ela é uma mulher alegre, loira e esbelta, de estatura mediana. Diante da casa, no jardim, brincavam quatro crianças. Também seu marido, com o qual vive em Monza, na Itália, cumprimenta os visitantes. Na ocasião, eu a olhei enquanto cortava os bolos na cozinha e como levava constantemente bandejas para a sala de estar. Ela tem um rosto franco e honesto. Será que essa mulher protagonizou uma mentira para toda a Igreja católica desde 1981, que fez milhões de pessoas por ano se organizarem e pagarem uma viagem de peregrinação para Medjugorje, mesmo que ali nunca tenha acontecido nada de sobrenatural? Será que essa mulher achava que estava ouvindo a Virgem Maria, ou fantasiava suas aparições? Será que sofria de algo como autossugestão? Conheço muitas pessoas com a opinião de que o problema em Medjugorje está no fato dos videntes serem supersensíveis e agora fantasiam algo há mais de trinta anos. Mas será que realmente seis pessoas podem ter ao mesmo tempo uma autossugestão? Será que fingem a imersão ou realmente a Virgem Maria apareceu para essas pessoas? O que me fazia tão pensativo no caso de Marija, é que não tem nada de mentiroso ou astuto nela. A mim parecia totalmente honesta. Estávamos sentados nessa sala de estar um pouco sombria, comíamos bolo até que chegou o momento. A pequena capela estava abarrotada com tecnologia, um apresentador estava sentado numa mesa de som, um pequeno grupo tocava guitarra, a aparição de Maria deveria ser transmitida pela emissora da Rádio Maria, que leva as mensagens de Medjugorje para todo mundo. A Rádio Maria foi criada em 1983 como uma pequena emissora provincial em Arcellasco d'Erba, perto de Como, e hoje, com 1,6 milhão de ouvintes (em 2009), é uma das estações de rádio mais populares da Itália. Dentro da Igreja católica, a emissora extremamente conservadora é muito questionada.

Inicialmente os fiéis reunidos começaram a rezar de joelhos na capela, o apresentador informou nesse momento que estariam transmitindo ao vivo, da casa de Marija Pavlovic-Lunetti, quando a Virgem Maria aparecesse. O espantoso das aparições em Medjugorje é que a Virgem Maria não só aparece em determinados dias, mas também com hora marcada. A celebração começou às 17 horas, Marija estava diante do altar e olhou para a esquerda. Ela rezava em voz alta. De repente, um dos padres fez um sinal e se fez silêncio. Inicialmente Marija olhou em volta de si insegura, olhou pela sala, e então aconteceu algo com ela. Ela olhou para um ponto bem determinado na capela em que não se via absolutamente nada, seu rosto se iluminou, ela pareceu sentir uma imensa alegria. Eu conhecia o fascinante estudo da faculdade de medicina de Montpellier de 1984 sobre esse fenômeno. Os pesquisadores colocaram todos os videntes numa sala no dia em que todos os seis tinham uma aparição. Pôde ser comprovado que algo incrível acontecia: todos os videntes olharam para exatamente o mesmo ponto na sala, como se ali estivesse algo que somente eles pudessem ver. Será que também Marija conseguia ver alguma coisa nesse instante na capela? Será que ela só imaginava ver alguma coisa? Será que eu estava vivendo um milagre? Será que eu estava num lugar em que simultaneamente estava a Virgem Maria, que passou a maior parte de sua vida terrena em Nazaré? Será que Marija Pavlovic interpretava isso? Eu não sei.

Após aproximadamente dez minutos tudo passou. Marija fez o sinal da cruz e literalmente correu para uma sala lateral. Ali ela escreveu palavra por palavra do que a Virgem Maria supostamente lhe disse. Ela voltou com o bilhete na mão e proferiu orgulhosamente, acentuando cada palavra, o que a Virgem Maria lhe revelara. A mensagem dizia principalmente que não se deveria parar de rezar.

Depois da aparição, Marija tinha que correr para a Igreja em Medjugorje e repetir a nova mensagem passada pela

Virgem Maria para os milhares de fiéis ali reunidos que esperavam. Puxei Marija de lado por um instante.

"Posso te perguntar algo?"

"Claro", disse ela.

"Você sabe alguma coisa sobre o milagre da Divina Misericórdia da Santa Maria Faustina Kowalska aqui em Medjugorje?"

"Mas claro. É uma igrejinha em Surmanci, aqui pertinho."

Agradeci e deixei que a levassem até a Igreja. O padre que me acompanhava queria ir com Marija, então peguei nosso carro e fui até Surmanci, uma parte do lugarejo que pertence à comunidade de Medjugorje, na esperança de encontrar ali o que eu procurava.

A igreja ainda estava aberta quando cheguei, por volta das 18 horas. Sentei-me num banco e olhei em volta. O que essa igreja em Surmanci, em Medjugorje, tinha a ver com um judeu de Cracóvia que falou de um milagre, e por que um padre polonês ficou tão aflito que só rabiscou secretamente a palavra "Medjugorje" num pedaço de papel? Olhei pela igreja e então eu o vi: ali estava pendurado o famoso quadro da Divina Misericórdia, o quadro de Jesus de Nazaré, tal como supostamente se mostrou a Maria Faustina Kowalska, para lhe dar a missão de mandar pintar um quadro segundo o modelo dessa aparição. Mas como o quadro chegou a Medjugorje e por quê?

Levantei-me e olhei com mais atenção para o quadro. De repente, havia um padre mais velho ao meu lado. Ele rezava baixinho diante do quadro. Enfim olhou para mim e disse algo em bósnio. Quando percebeu que eu não o compreendia, ele disse em italiano que queria fechar a igreja.

"Posso perguntar algo?"

"Sim, por favor", disse ele num italiano perfeito.

"Como o quadro chegou até aqui?"

"Um milagre, aconteceu um milagre. O papa João Paulo II o implorou a Deus, e então aconteceu o milagre, um milagre inacreditável. Por isso o quadro está aqui."

"Um milagre, onde?"

"Na Itália."

Meu Deus, pensei. Fico sabendo em Cracóvia de um milagre, preciso ir até a Bósnia para descobrir que o milagre aconteceu diante do meu nariz, por assim dizer, em casa, na Itália.

"E o que aconteceu?"

Ele balançou a cabeça. "Sinto muito, o Santo Padre..."

"Eu sei, o Santo Padre não quer que se fale a respeito. Eu não direi nada a ninguém."

Ele permaneceu nisso. "Sinto muito."

Tentei de novo. Olhei-o de modo incisivo e disse: "Não sei se o senhor vai acreditar em mim, mas lhe digo a verdade. Eu soube em Cracóvia o quanto essa mensagem da Divina Misericórdia significa ao papa, e foi um judeu que me disse que um milagre supostamente aconteceu."

"Um judeu?"

"Sim, no gueto de Cracóvia, na Polônia. Desde então procuro por uma pista desse milagre."

"Quem lhe disse que deveria procurar em Medjugorje?"

"Um padre polonês."

Ele riu de repente. "Quase acreditei no senhor, mas agora o senhor está mentindo."

"O padre teve grandes problemas, só porque perguntou sobre o milagre."

"E ele o mandou para cá?"

"Não, contra a vontade ele rabiscou o nome 'Medjugorje' num bilhete."

"Isso eu novamente acredito. Às vezes não compreendo a Igreja, sobretudo muitos poloneses que tratam de nós aqui de Medjugorje como se fôssemos um bando de gângsteres, mentirosos e impostores que envergonham a Virgem Maria. Quantos já vieram e de jeito algum queriam que o quadro da Divina Misericórdia fosse exposto aqui."

"Posso imaginar isso."

"Tem a ver com o papa, se pelo menos tivesse vindo uma vez. Todo o problema teria se desmanchado no ar. Sendo que esteve tão próximo, em Banja Luka."

"Eu sei", disse, "eu estava presente." No dia 22 de junho de 2003, o papa João Paulo II visitou Banja Luka; foi feito um convite para o santuário de Nossa Senhora em Medjugorje, a apenas 250 quilômetros, mas ele rejeitou.

"Ele não veio por respeito aos bispos que nos odeiam."

"Pelo menos sei que o papa se interessa muito pelo que acontece aqui."

"De onde o senhor sabe isso?", perguntou ele.

"O porta-voz do papa, Joaquín Navarro-Valls me contou uma vez."

"O que ele contou? Sente-se." Sentei-me num banco da igreja. Ele tomou assento ao meu lado. "O que o porta-voz do papa lhe contou?"

"Na ocasião eles estavam de férias nas montanhas, e o porta-voz do papa, Joaquín Navarro-Valls, ouviu que os jovens videntes receberam uma profecia da Virgem Maria relacionada com o papa. Navarro-Valls lhe disse: 'Santidade, hoje foi difundida em Medjugorje uma mensagem da Virgem Maria relacionada com o papa'."

"E o que o papa fez?"

"Ele perguntou a Navarro que mensagem era essa, e Navarro-Valls prometeu se informar."

"E então?"

"Navarro-Valls esqueceu e um dia depois o papa veio até ele e disse: 'Que porta-voz eu tenho que esquece o papa e a mensagem de Medjugorje'."

"E o que aconteceu depois?"

"Navarro-Valls se desculpou e disse que ia conseguir a mensagem, mas esqueceu novamente. Quando voltaram a Roma, no final das férias, o papa foi até Navarro-Valls no avião e disse: 'Por que mereço que o senhor não pense em mim?' Naturalmente isso foi muito vergonhoso para Navarro-Valls. Ele se desculpou e no dia seguinte o papa a tinha sobre a escrivaninha."

"Eu me lembro da mensagem. Ela previa que o papa iria sofrer muito no futuro."

"Exatamente."

Ele agora me olhou. "Eu confio no senhor. Há uma testemunha ocular do milagre, um homem que esteve presente quando aconteceu. Ele se chama D. Renato Tisot. O senhor o encontra em Trento."

De volta a Roma, tentei imediatamente alcançar D. Renato Tisot. Mas ele estava sempre viajando; parecia viajar por todo o mundo, tive que esperar até que voltasse. Liguei para um amigo da prefeitura da casa papal e perguntei se o nome D. Renato Tisot lhe dizia alguma coisa: "Impressionante", espantou-se ele, "você o conhece?"

"Não", disse eu. "Não o conheço. Nunca o vi."

"Acho que em Roma há bem poucos padres que significaram mais para o papa do que esse Renato Tisot."

"Por que você acha isso?"

"Algo estranho aconteceu. Já faz muito tempo, deve ter sido no início dos anos de 1990. Um homem que sofria de uma doença incurável, acho que era esclerose múltipla, foi levado de cadeira de rodas a uma audiência geral do papa. Ele tinha um quadro do Jesus da visão de Maria Faustina Kowalska no colo. O papa foi até ele e o homem na cadeira de rodas disse ao papa: 'Por favor, me ajude!", e sabe o que o papa respondeu? 'Você não precisa da minha ajuda, você já tem o Jesus da Divina Misericórdia sobre os joelhos. Então para que você precisa de mim? Dirija-se para Maria Faustina Kowalska, ela intercederá junto a Deus por você."

"E então?"

"Depois o mandou para esse Renato Tisot, em Trento. Ele disse a esse homem na cadeira de rodas que deveria ir para lá cheio de fé."

"E o que aconteceu lá?"

"Não faço ideia."

Após algumas semanas D. Renato Tisot finalmente voltou. Ao telefone, o padre me pareceu muito agitado e cheio de energia. "O senhor viu um milagre, é verdade?"

Ele fez silêncio durante algum tempo. Depois disse baixinho: "Sim, eu vi um milagre."

"O papa João Paulo II lhe mandou um homem que sofria de esclerose múltipla?"

"Sim, ele se chama Ugo Festa."

"Por que o papa mandou um homem gravemente doente logo para o senhor?"

"Esse homem gravemente doente, Ugo Festa, esteve com sua cadeira de rodas numa audiência com o papa. Ele tinha uma imagem do Jesus da Divina Misericórdia sobre os joelhos" (ver imagem na página 137).

"Eu sei, e o papa lhe disse: 'Para que você precisa de minha ajuda? Dirija-se a Maria Faustina Kowalska'. Eu conheço essa parte da história. Mas por que o mandou para o senhor em Trento?"

"É muito simples. Na época nós éramos a única comunidade na Itália comprometida com a Divina Misericórdia. Se quiser assim, nós éramos o único lugar na Itália em que esse quadro era venerado."

"O que aconteceu então?"

"Ugo Festa estava cheio de ódio. Na época ele tinha 39 anos e desde sua infância estava doente. Ele não sofria só de esclerose múltipla, ele sofria de epilepsia e de inúmeras outras doenças."

"E depois?"

"Ele começou a rezar. Em sua cadeira de rodas, ele ficava horas diante do quadro do Jesus da Divina Misericórdia, e então, um dia aconteceu."

"O quê?"

"No dia 2 de agosto de 1990, ele estava sentado em sua cadeira de rodas em nossa capela. Ele disse a Jesus: 'Se você tiver a força, então me levante, me levante desta cadeira de rodas e me deixe andar.' Ele me disse que algo inacreditável aconteceu. Foi como se Jesus saísse do quadro, fosse em sua direção, lhe estendesse a mão e o puxasse da cadeira de rodas. Desde aquele dia, ele pôde andar. Inicialmente achamos que fosse um acaso, mas a médica chefe da neurologia do hospital Santa Chiara, em Trento, a Dra. Marcella Piazza, o analisou. Ela disse que do ponto de vista médico era inexplicável. Infelizmente, ela não era crente, ainda não tinha achado Deus, mas disse: 'É um milagre'. Só depois disso informamos o bispo Giovanni Sartori. Ele examinou o milagre e mandou os documentos para Cracóvia, para informá-los sobre nosso milagre. Mas o mais importante foi..."

"O quê?"

"Ugo Festa foi com suas próprias pernas a uma audiência com o papa, no dia 19 de agosto de 1990, ele ainda conseguiu agradecer ao papa João Paulo II, e decidiu se mostrar concretamente por esse milagre. Ele foi até a Madre Tereza de Calcutá e trabalhou para ela."

No ano de 2004, Ugo Festa cuidou de uma comunidade para jovens dependentes de drogas. Ele vivia com eles e em 22 de maio de 2005 foi assassinado por um dos seus protegidos enquanto dormia. Em Trento é venerado como mártir.

A ESTIMATIVA NA PRAÇA DE SÃO PEDRO

Roma, Praça de São Pedro, 1° de abril de 2005. Há muitos exemplos para mostrar o quanto religiões podem lesar povos inteiros, como podem criar guerras e desgraça, mas se há um dia que mostrou que religiões podem realizar algo bom, então foi esse dia. Milhares de jovens vieram para a Praça de São Pedro. Eles vinham de toda parte, e o que mais me tocou foi que ninguém os mandou. Esses jovens vieram dos Estados Unidos, Itália, Alemanha, Polônia, México, para agradecer ao grande homem que estava no leito de morte em seu apartamento na Praça de São Pedro. Eles cantaram durante dias e perseveraram durante noites geladas. Eu dormia no sofá da sala de imprensa ou no carro. Os jovens cantavam durante horas os hinos das jornadas mundiais da juventude, que Karol Wojtyla criou e lhes trouxe, eles cantavam e cantavam a canção de Marco Frisina *Jesus Christ you are my life.* Alguns prelados acharam deselegante tantos jovens acampando lá embaixo, enquanto no palácio morria um papa. Mas o secretário do papa, D. Stanislaw Dziwisz, se impôs. As pessoas deveriam ficar. Karol Wojtyla queria ouvi-las, pois ele esteve no mundo inteiro para levar sua mensagem especialmente para os jovens – e agora o mundo tinha vindo até ele, que estava esperando a morte. Nessa noite, graças aos milhares de jovens que vieram de todos os cantos do mundo, podia se sentir que Karol Wojtyla conseguira transformar o mundo para melhor. Cada uma delas trouxe alguma lembrança. Esse papa alcançou tanto o coração das pessoas, que elas sacrificaram as economias das mesadas para virem a Roma quando esse homem morria. Como se fosse um pouco pai de todos eles.

Eu estava na Praça de São Pedro quando o novo arcipreste de São Pedro, Angelo Comastri, começou com uma devoção noturna. O outrora delegado papal da Santa Casa de Loreto estava há pouco no cargo, ele foi um dos últimos bispos promovidos por Karol Wojtyla. Ele começou a rezar, depois proferiu um discurso, e eu fiquei com a respiração suspensa. Ele disse que o papa João Paulo II iria para o seu Senhor "nessas horas, o mais tardar, nesta noite". Como podia dizer algo assim?, pensei. Só Deus sabe quando quer levar Karol Wojtyla para perto de si! Como Angelo Comastri sabia tão certo que o papa morreria nessa noite? Isso não fazia nenhum sentido. A não ser que, meus pensamentos gelaram, a não ser que já esteja morto. Talvez eles precisem desse tempo para preparar o sepultamento. Talvez por isso mandaram Comastri preparar o mundo para a notícia. Ele está morto, pensei, não podia ser diferente, senão ninguém, em sã consciência, diria "ele morrerá hoje". Pois se não, se ainda estivesse vivo no dia seguinte, como ficaria Comastri? Como um arcipreste de São Pedro não podia esperar para que o papa morresse? Só havia uma resposta. Ele já estava morto. Por isso Comastri falava com tanta segurança.

Liguei para algumas pessoas, depois disquei o número de Jarek, em Cracóvia.

"Ele está morto", disse eu.

"Por que você diz isso? A televisão daqui noticiou que seu estado continua crítico."

"O arcipreste de São Pedro, Angelo Comastri, acabou de rezar uma devoção aqui e disse que ele morreria o mais tardar esta noite. Ninguém diz isso em sã consciência se não tiver certeza de que o papa já está morto. Sinto muito."

"Ele ainda não está morto, Andreas, acredite em mim!"

"Mas Comastri?"

"Ele só especulou."

"Você realmente acha que ele especularia num momento assim sobre a morte do papa?"

"Acredite em mim, Andreas, olhe para o calendário. Ele conseguirá."

"O que você quer dizer com 'olhe para o calendário'?"

"Ele introduziu um único dia no calendário da Igreja, o domingo da Divina Misericórdia. As festividades para o domingo começam no sábado às 19 horas. Antes disso ele não morrerá, no máximo depois."

"Por quê?"

"Porque eu não duvido de que Deus lhe dará a graça de morrer no dia que era o mais importante para ele, o dia da Divina Misericórdia. Nesse dia Deus aceitará misericordioso o papa em seus braços, acredite em mim! Você verá, ele morrerá no dia que ele introduziu para sempre no calendário."

“Calculando para um ano, isso seria uma chance contra trezentos e sessenta e quatro.”

“Acontecerá um milagre, acredite em mim, Deus o chamará nesse dia para si, você verá.”

Ele tinha razão. Karol Wojtyla, o papa João Paulo II, morreu no dia 2 de abril às 21:37 horas, duas horas e meia depois que a igreja iniciou as festividades para o domingo dedicado à Divina Misericórdia (ver imagem na página 137).

POR QUE EXATAMENTE AQUI?

Castries, ilha de Santa Lúcia, Caribe, convento das beneditinas, outono de 2007. Refeitório. Os ventiladores sob o teto estão ligados e tentam empurrar o ar quente através das janelas abertas para o jardim tropical. Há longas fileiras de sofás acolchoados perto das janelas, que são muito mais baixas do que na Europa, pode-se quase deitar em vez de sentar de modo ereto para tomar o café. A sala conta sua história, ainda que esteja vazia. Quem quer que entre aqui, foge para um sofá perto de uma janela. Pode-se olhar para o jardim onde há árvores estranhas, cujos galhos chegam até o chão, e mais ao fundo a baía e a água azul do mar do Caribe. No meio da sala esperam as mesas de jantar, em que se sentam as visitas e as freiras do convento quando o sol se põe e uma leve brisa traz um pouco de frescor do mar. Eu olho para a porta do outro lado da sala pela qual ele deverá entrar.

Esperei vinte e três anos por esse momento, pensei, agora faltam apenas alguns minutos. Silenciosamente, uma das freiras atravessa o refeitório. Elas preparam o jantar. Elas usam trajes brancos e leves da ordem e ainda que o tecido pareça arejado, não sei como aguentam vestir isso nesse calor. Além do sussurro dos ventiladores, há silêncio, só de vez em quando se ouve pássaros sobre os galhos lá fora que fazem ruídos estranhos.

Finalmente, a porta se abre e ele vem em minha direção. Realmente não podia imaginar que esse homem, o bispo Kelvin Felix, tivesse mais de setenta anos. Ele tem o porte de um atleta, poderia ter sido jogador de beisebol. Ele não deve ter nenhum grama de gordura no corpo, só uma perna manca, um pouquinho. A cor da sua pele é negra. Seus antepassados devem ter pertencido aos dez milhares de escravos deportados para a ilha caribenha. Aqui há poucos mestiços, totalmente diferente do que no Brasil ou na Venezuela, que está próxima daqui. Aqui, os negros não se misturaram com os brancos. Ainda hoje, tanto tempo após o fim da escravidão, a ilha de Santa Lúcia é uma acusação contra os donos de escravos. Meia dúzia de senhores de terra brancos devem ter oprimido todo um exército de pessoas sequestradas da África. Os escravos ficaram entre si, a ilha ficou negra, uma convivência justa entre brancos e negros nunca poderia ter ocorrido.

Ele está com seu breviário, o livro de oração dos padres. Ele me olha com um sorriso que parece preencher todo o seu rosto. Meu medo diante do bispo desaparece. Eu achava que o homem famoso aparentaria certa arrogância, afinal de contas, a rainha inglesa Elisabeth II pessoalmente o tornou "Officer of the Order of the British Empire", uma das condecorações mais altas que a Grã-Bretanha outorga. Ele também não tem nada de amargurado, como não seria surpreendente para um homem que sobreviveu a uma tentativa de assassinato na rua em frente a sua igreja, quando, em 2006, lhe cortaram a garganta. Seus olhos brilham curiosos através dos óculos, como os de um jovem. "Então o senhor é o bispo Kelvin Felix", lhe disse. Nos demos as mãos.

"Sim, sou eu."

"Durante vinte e três anos me perguntei como o senhor era."

"Bem, espero que o senhor não esteja desapontado." Naturalmente respondi que não.

Depois ele se sentou bem perto da janela, colocou o breviário ao seu lado e me olhou.

"Para ser honesto", disse ele, "eu me perguntei durante anos se algum dia viria alguém como o senhor e agora o senhor está aqui."

"Eu esperei mais de vinte anos até que tivesse coragem de pegar férias e vir para cá."

"O senhor já sabe há muito tempo o que aconteceu aqui? Eu sempre achei que conseguimos manter tudo muito bem em segredo", perguntou.

"Oh, não se preocupe, durante duas décadas estive tateando no escuro."

"Então o senhor não sabe o que aconteceu aqui?"

"Não faço ideia."

"Então por que está aqui?"

"O senhor sabe", disse eu, "quando cheguei a Roma, eu só tinha vinte e quatro anos, e acho que alguns religiosos tinham um pouco de pena de mim, porque eu não conhecia ninguém e não entendia nada do assunto. Então saí algumas vezes com alguns bispos. Eles tentaram me explicar como o Vaticano funciona. Mas sempre que acabava a comida eles diziam: 'Na verdade, o senhor pode perguntar tudo no Vaticano e receberá respostas, o senhor só não pode tocar numa coisa: Santa Lúcia'."

O arcipreste Kelvin Felix me olhou surpreso, depois se curvou sobre a mesa e riu como um menino que conseguira uma travessura. Uma freira nos trouxe um expresso que estava perfeito, como se tivesse sido preparado por alguém na Itália. Nesse primeiro dia eu ainda não sabia que essa maravilhosa madre superiora, que era como uma mãe para nós, mandava trazer tudo por contêiner de Apúlia, na Itália, para o Caribe. Nunca comi tão boa comida italiana fora da Itália como nesse convento no sul do Caribe.

"O senhor seguiu essa orientação, ou tentou descobrir o que aconteceu aqui?", ele me perguntou.

"Só fiz algumas tímidas tentativas. Assim, no decorrer de duas décadas naturalmente conheci o vice-chefe de viagens do papa, Alberto Gasbarri, e lhe perguntei se lembrava de Santa Lúcia. Ele sabia imediatamente o que eu quis dizer. Mas rapidamente compreendi a regra de que aquilo que supostamente havia acontecido aqui deveria ficar em segredo até a sua morte, quero dizer, a morte de João Paulo II."

"Sim, ele também me disse isso, e eu mantive minha promessa. Nunca na minha vida falei com um repórter sobre aquilo que aconteceu aqui, o senhor é o primeiro."

"Só havia boatos", expliquei, "o chefe de viagens da época, o padre Roberto Tucci, sempre sorria quando pensava na ilha; ele ficava tão surpreso na chegada, porque as pessoas da ilha cantavam exatamente o hino de sua cidade natal Nápoles: a canção 'Santa Lucia'. Em Roma só havia cochichos de que aqui em Santa Lúcia supostamente aconteceu um milagre."

"Ah, é", disse ele, "um milagre, que milagre?"

"Um padre polonês, que se gabava de ser amigo do secretário do papa, supôs uma vez que um cego voltou a ver."

"Um cego?", perguntou Kelvin Felix e soltou uma gargalhada. Ele riu como se alguém lhe tivesse contado uma excelente piada, eu o olhava sem entender. Ele não se conteve. "Um cego", disse ele, "essa é boa."

Ele tomou um gole de café para retomar a respiração.

"E? O senhor acreditou que aqui aconteceu um milagre?"

"Eu não sei, mas a pergunta me acompanhou durante duas décadas. Quando comprei o primeiro globo para meu filho e o desembrulhei, primeiro olhei se tinha Santa Lúcia. Ela estava lá e eu me perguntei novamente no quarto da criança: o que será que aconteceu ali? Estive com o papa em Cuba, no México, portanto, bem perto; com minha mulher estive em Santo Domingo, e nos aeroportos sempre olhei se havia uma conexão para Santa Lúcia. A tentação de voar para cá era enorme, mas eu nem sabia pelo que teria que procurar, sabia que o senhor não me ajudaria, porque não tinha permissão de falar enquanto Karol Wojtyla estivesse vivo. Porém, agora ele está morto."

Ele olhou pensativamente para a mesa. "Quando ele morreu, alguns dias depois, li uma missa e pela primeira vez agradeci pelo que aconteceu aqui. Nunca antes eu o mencionei na igreja." De repente ele parecia estar distante, finalmente me olhou: "O senhor sabe o que me perguntei durante todo o tempo? Eu me perguntei: por que exatamente aqui, exatamente em minha diocese, aqui comigo? Exatamente na diocese de um bispo negro. Karol Wojtyla viajou por todo o mundo, ele esteve em mais de cem países, e então vem para cá por algumas horas, somente uma tarde e uma noite, e exatamente nesse dia acontece algo assim." Ele olhava para o vazio como se quisesse voltar no tempo. "E o senhor sabe o que era o estranho?"

"Não."

"O papa não fazia ideia do que havia acontecido aqui. Somente quando voei para Roma e lhe contei, ele ouviu pela primeira vez. E mesmo assim, eu tinha a sensação de que ele procurou a mulher como se soubesse que estava na igreja e que ele tinha que ir até ela. Mas talvez eu só esteja fantasiando."

UMA FOTO DAS PEGADAS DE DEUS

Ele pegou seu breviário e se levantou energicamente. "Venha. Primeiro lhe mostrarei onde aconteceu."

Descemos até o jardim tropical. Ali estava seu carro. Ele mesmo dirigiu.

"Na maioria dos lugares, os bispos sempre têm um motorista", observei.

Ele riu novamente. "Eu sempre dirigi sozinho e também sempre lavei o carro eu mesmo. Eu também sempre lavei minha roupa e cozinhei minha comida. Um bispo do Caribe precisa ser um pouco mais flexível. O carro não é meu, é da diocese, eu só o peguei emprestado. Pois agora não moro mais aqui."

Subimos de carro o caminho de pedregulhos. "O senhor não mora mais aqui? Então onde mora? O senhor é o bispo aposentado da ilha."

"Um bispo por ilha é suficiente, eu voltei para minha pátria, para a República Dominicana, a ilha ao lado."

"E ali usufrui da aposentadoria?", lhe perguntei.

“Ali novamente sou um simples padre de paróquia, hoje se precisa de ajuda.” Viramos no palácio da governadora. Apesar de Santa Lúcia ser um Estado independente, o chefe de Estado é a rainha da Inglaterra. Descemos até a cidade de Castries. Um radiante navio de cruzeiro branco estava no porto. Nas estreitas ruas, o Caribe se festejava, canções de Bob Marley ecoavam das casinhas de madeira; meninas com saias coloridas e curtas corriam pelas ruas; sob as palmeiras estavam sentados rastafáris que aparentemente fumavam algo que não era especialmente legal. Apontei para os jovens e ele riu. “Não me pergunte. Eu nunca entendi o movimento rastafári, eles acreditam que Haile Selassie I é um tipo de Deus. Mas sabia que ele não os queria? Quando milhares de jovens fumantes do Caribe quiseram ir para a Etiópia, ele não os deixou entrar. A coisa que eles fumam se chama aqui de ganja, e pode ser comprada em qualquer lugar.”

Ele estacionou o carro na rua e, se alguma vez presenciei um verdadeiro pastor da Igreja católica, então foi nessa noite. Ele não dava nenhum passo sem ser parado, sem que alguém o segurasse pela manga e dizia cheio de alegria: “His Grace”, como se um velho amigo tivesse voltado. O que mais me impressionou foi que ele conhecia pessoalmente essas pessoas, ele conhecia os nomes de seus filhos, ele perguntava por Mary ou Joseph, por Franklin ou Barbara. Ele sabia se tinham trabalho ou se tinham que mendigar para comer. Ele sabia onde moravam e se os avôs ainda estavam vivos. Esse bispo deve ter feitos milhares de visitas domésticas, ele não conhecia a diocese só pela planilha, ele conhecia essas pessoas, ele as amava, e as pessoas sentiam isso. O bispo Felix me apresentou aos grupos de pessoas que o rodeavam. Ele apontou para mim e disse:

"Ele é de Roma", o que criou bastante admiração. "Oh, de Roma." Tivemos que comer bastante de um tipo de pasta de coco, um doce típico da ilha. O bispo Felix queria finalmente me levar até a igreja, mas as pessoas que o reconheceram vinham junto, elas o acompanhavam. Algo estranho aconteceu nesse momento: eu vi como essas pessoas o faziam feliz, porém, ainda assim era nítido que ele não gostava disso. Ele era afável e simpático, perguntava por todos os amigos e conhecidos possíveis, mas a afeição de tantas pessoas lhe era incômoda. Enquanto isso, a rua ficou cheia, o trânsito parou porque as pessoas na rua gritavam: "Ali está His Grace..."

Enfim, estávamos encurralados na multidão. "Eles fizeram isso. Não posso mais vir para cá. As pessoas precisam se acostumar ao novo bispo. É embaraçoso o que está acontecendo aqui." Fomos para a igreja e a multidão nos seguiu, respeitosamente e em silêncio, e ficou parada no hall de entrada. Na parede estava a imagem do novo bispo de Castries, o sucessor de Kelvin Felix, era um branco – e no mesmo instante entendi o que estava acontecendo na rua: o padre negro, que pertencia a essas pessoas, voltou por um dia e era incômodo para ele que ainda fosse o padre dessas pessoas, porque elas nunca aceitariam seu sucessor branco como seu padre numa ilha negra. Pelo menos tudo o que acontecia diante dos meus olhos parecia assim.

Nunca vi uma igreja como essa em Santa Lúcia. Era como se um enorme navio de madeira tivesse sido virado e usado como teto sobre as paredes cinzas de vulcão. A construção de madeira era colorida, os ventiladores zuniam e as janelas estavam abertas. Essa igreja foi sua casa, a casa do bispo Kelvin Felix, e eu tinha a sensação de que ainda o era. Ele examinou as fileiras de bancos e olhou para os altares laterais. "O senhor não imagina o bafafá que houve quando eu quis deslocar o altar principal para a visita do papa. Eu não deveria tocar na igreja, mas finalmente eu me impus."

Subimos pelo corredor central até ficarmos diante do altar principal. O bispo Felix se virou lentamente para a esquerda e de repente ficou parado. "Aqui", disse ele, "o milagre aconteceu exatamente aqui. Ela estava aqui com a criança nos braços, do lado direito do altar."

"Quem?"

"A senhora Mary Jeremies, ela estava junto de um grupo de doentes e deficientes sentados em cadeiras de rodas. Ela segurava a criança nos braços."

Nos bancos, alguns fiéis estavam ajoelhados e olhavam de modo surpreso e alegre para o bispo Felix. O grupo que nos seguiu esperava na porta pela saída do bispo, para falar-lhe mais uma vez na rua. Ele pegou meu braço. "Venha, vamos nos sentar, eu não posso ficar tanto tempo em pé, porque minha perna dói agora."

Ele me olhou como se quisesse confessar algo. "Aconteceu algo muito estranho naquele dia. Eu estava bem próximo do papa, por assim dizer, andei ao seu lado. Quando ele entrou nesta igreja abarrotada de gente, aconteceu algo que até hoje não sei explicar. Tive a sensação de que ele sabia para onde teria que ir. Tive a sensação de que sabia que alguém o esperava. Ele foi diretamente em direção da senhora Jeremies. Muitas vezes me perguntei se eu fantasiei isso, mas minha impressão na época foi: aonde ele quer ir, por quem procura? E como se soubesse o que procurava, ele foi em direção da senhora Jeremies. Não sei se essa impressão surgiu em mim porque eu soube o que deve ter acontecido na ocasião. Eu só conhecia Mary Jeremies porque cantava no coro da igreja. Ela tinha uma criança nos braços que parecia muito doente, não se mexia, parecia morta. Eu nunca tinha visto a criança, minha colaboradora na paróquia, que é parente do pediatra da ilha, uma vez me contou da criança doente da senhora Jeremies, mas eu nunca tinha visto a criança. O papa colocou sua mão na cabeça da criança, beijou a criança, depois falou com a senhora Jeremies. O fotógrafo do papa, Arturo Mari, por sorte fotografou esse momento do milagre." (ver imagem na página 138).

"O que aconteceu depois?"

"O papa continuou normalmente, ele só esteve pouco tempo na catedral. Descemos até o porto, onde a grande missa deveria acontecer. Depois da missa, no fim de sua curta visita, eu levei o papa de volta ao seu avião e ele voou. Ninguém pensaria que em nossa ilha algo sobrenatural pudesse ter acontecido durante sua estadia. Eu estava feliz porque a visita foi um sucesso, que tudo correu bem. Não fui eu que soube primeiro do milagre; estranhamente, o primeiro a saber de toda a extensão desse milagre foi um homem expressamente crítico em relação à Igreja católica."

"Então deveríamos visitar esse homem", propus ao bispo.

Ele colocou a mão sobre meu ombro: "É melhor que o senhor vá sozinho até ele. Posso imaginar que ele apreciaria falar com o senhor a sós, sem algum representante da Igreja católica. Acho que isso seria incômodo para ele."

Ele me descreveu o caminho.

Castries surgiu sobre os destroços das ruínas deixadas pelos franceses e ingleses quando novamente brigaram pela posse da ilha. Quatorze vezes a ilha mudou de proprietário entre as potências marítimas. Essa terra fértil e cheia de água, com o fantástico porto natural de Castries, era muito tentadora como base militar e para o plantio de cana-de-açúcar. Esse vaivém acarretou que em Santa Lúcia se falasse inglês e patois, um dialeto francês. Os ocupantes ingleses, em especial, trouxeram escravos negros da África para produzir o açúcar em pedra das Antilhas Ocidentais, tão desejado em Londres. Também os franceses reconheceram a riqueza da ilha, estimavam principalmente as numerosas praias, onde navios podiam ancorar muito mais facilmente do que no mar rochoso da ilha vizinha, a República Dominicana. Ainda hoje Santa Lúcia parece ser um paraíso, os plantios de banana se estendem por vários quilômetros, também toranjas e laranjas crescem bem. Há tantas frutas na ilha que ninguém se dá ao trabalho de coletar as laranjas e as toranjas que caem das árvores; nas plantações, há montanhas de frutas que conseguiriam um bom preço nos supermercados, mas que em Santa Lúcia simplesmente se joga fora. Para o bispo, aliás, isso sempre é um momento de grande tortura. Quando passamos por uma plantação de toranjas e Kelvin Felix viu as frutas que apodreciam lentamente no chão, ele reclamava a cada vez: "Por que não se coleta essas frutas e se dá para aqueles que não têm nada?" Mas como na ilha uma toranja só vale poucos centavos, ninguém se dá ao trabalho.

Eu aconselharia a toda pessoa que esteja em busca do sentido da vida passar alguns dias em Santa Lúcia, porque essa ilha colocou os pressupostos fundamentais do mundo ocidental de pernas para o ar. Pode-se ver isso de modo mais nítido quando se vai de carro de Castries em direção ao sul pela costa oeste protegida dos ventos. Ali se aglomeram baías maravilhosas protegidas por recifes de corais. Nessas baías há hotéis de luxo, muito caros, em que europeus e norte-americanos muito estressados gastam o que com esforço ganharam durante o ano, para poder aproveitar uma vez o sol. Nas cadeiras de praia alongam-se mulheres e homens que marcharam dia após dia para seus locais de trabalho, para gastar suas vidas com algo que na verdade não querem fazer. Na mesma praia, habitantes negros da ilha jogam futebol, quando estão com calor, pulam na água; quando estão com fome, pegam uma das lagostas da água, que se reproduzem bastante na costa. Quem mergulhar à noite vê rodovias inteiras de lagostas no solo do mar abaixo de si. O negócio mais rentável dos garotos é o aluguel de máscaras de mergulho e pés de pato que eles cuidam perfeitamente. De vez em quando, os homens magros também vendem um coco que acabaram de colher ou algumas bananas por um ou dois dólares americanos. Quando precisam de uma nova bola de futebol para a praia, então também fazem colares muito bonitos de conchas. Naturalmente esses homens nunca serão tão ricos para poder usufruir umas férias de luxo na praia, mas eles já estão na praia de luxo. Sempre que olhava para eles, isso me deixava nervoso. Eles teriam que frequentar uma universidade, aprender uma profissão, trabalhar duro para pagar eletricidade e aquecimento, as prestações da casa e do carro, e precisariam economizar dinheiro para poder usufruir um dia belas férias na praia. Muitos homens em Santa Lúcia rejeitam isso de ir trabalhar, constroem uma casa com algumas tábuas de madeira, pois de aquecimento eles não precisam. Há muitas frutas e peixes, eles não querem carro, eles andam com caiaques de plástico pelos recifes de coral. Os turistas pagam 500 dólares ou mais por dia, para poder ver esses corais. Quando vi os rastafáris cantarem, depois de um de seus dias na praia, e remarem com seus caiaques de plástico no pôr do sol do Caribe, depois de um dia em que não fizeram nada além de usufruir do belo mundo de Deus, eu não estava certo se realmente devem ser mais lamentados do que os turistas do hotel de luxo ao lado, que bebericavam seus whiskys e temiam o fim próximo das férias.

TESTEMUNHAS OCULARES DO INEXPLICÁVEL

A cidade de Castries surgiu na estrada principal que passa em frente à catedral. Há pequenos comércios, algumas lojas de *fast-food,* alguns supermercados. Numa das pontas da rua está o porto, na outra o hospital e em frente a ele o consultório do Dr. Simmons, que entrou no livro da história da ilha por ter sido o primeiro médico especialista em doenças infantis na história de Santa Lúcia e começou a trabalhar lá há mais de trinta anos. O pequeno consultório estava abarrotado, mães preocupadas balançavam nos joelhos crianças com olhares apavorados. Eu expliquei para a auxiliar de consulta que esperaria até que todos os pacientes tivessem sido atendidos. Eu esperei vinte anos pela resposta desse mistério, algumas horas a mais ou a menos não fariam diferença. Em algum momento, a última mãe levou embora do consultório sua criança que gritava. Agora o doutor tinha tempo. Comparada com a população de Santa Lúcia, a cor da pele do Dr. Simmons é bastante clara; comparada com o bispo Felix, ele parece apenas um um pouco bronzeado. Sua sala é minúscula, nas paredes há fotos de crianças que agradeciam por sua cura, há alguns documentos e alguns brinquedos sobre a escrivaninha, isso era tudo.

O esbelto Dr. Simmons, com sua camisa de linho por baixo do jaleco de médico, parecia ideal para estrelar como médico de um cruzeiro num filme nos trópicos. Em cima da escrivaninha estava a pasta dedicada ao paciente Kevin Jeremies, nascido em 1984. O Dr. Simmons a folheia, depois olha para mim: "O senhor é o primeiro que me pergunta sobre esse caso, e isso me surpreende muito, porque sem dúvida é o caso mais estranho em toda a minha vida. Quero que o senhor saiba o seguinte: eu não sou católico, não acredito que o papa seja uma pessoa diferente do que o senhor ou eu. E ainda preciso lhe dizer outra coisa. Na verdade, eu não acredito em milagres. Sou um cientista. O que aconteceu com Kevin Jeremies não pôde ser explicado pela medicina. Digamos assim: aquilo que aconteceu com o garoto, não poderia acontecer do ponto de vista científico, sua cura infelizmente era totalmente impossível. O que aconteceu na época não poderia acontecer do ponto de vista de um cientista. Estou disposto a ir até aqui. Mas o que aconteceu? Foi um milagre? Eu não sei. Só posso dizer que não poderia ter acontecido, era completamente impossível. Por que aconteceu mesmo assim? Não faço ideia. Mas confesso com prazer que, quando ouvi, pensei: isso é um milagre, e no meio da favela."

Kevin Jeremies chegou pela primeira vez no hospital de Castries com dezesseis meses. Ele sofria de graves problemas respiratórios. "Era extremamente inquietante que a criança não conseguisse se levantar por força própria ou virar-se para o lado. As análises mostraram que ele sofria de uma lesão incurável e irreversível no cérebro. Supostamente, o cérebro tinha sido danificado no nascimento. A criança sofria de toda uma série de doenças, tivemos que mantê-la no hospital porque respirava mal. Kevin cresceu na favela, e deixava desconfiar de que não recebera alimentação suficiente e que vivia num ambiente que não era limpo. Devo dizer que minhas esperanças não eram muito grandes de que a criança alguma vez tivesse uma existência digna."

O Dr. Simmons ficou preocupado principalmente por causa da forte paralisia. "Essa paralisia só poderia partir do cérebro. Talvez algum dia fosse possível uma melhora gradual bem lenta, e já teríamos ganhado muito se a criança conseguisse se levantar com a própria força. Mas, para que conseguisse respirar melhor, era necessário segurá-lo. Ele ficava o dia todo deitado sobre as costas na cama do hospital, imóvel. Simplesmente não era possível acontecer o que aconteceu depois. Danos no cérebro não desaparecem de um segundo para outro. Isso é impossível. Sua saúde poderia melhorar, isso sim, mas ele não poderia ficar são de um segundo para outro, assim, de repente, e tão são que nunca mais precisasse ir para o hospital. Mas eu sei que foi assim. Se me perguntam o que um médico precisa fazer para ajudar uma criança tão rápido assim, então eu diria que ele precisa aprender a realizar milagres."

"O senhor já viu a casa em que o milagre supostamente aconteceu?"

"Não, nunca estive lá. Mas sei onde mora a família, na favela ao lado do cemitério francês. O bispo Kelvin Felix seguramente poderá mostrar-lhe o caminho."

*

O lugar em que supostamente aconteceu o surpreendente milagre durante o mandato do papa João Paulo II está na periferia de Castries, ali, onde outrora os franceses enterraram seus mortos, em túmulos generosos. O bispo Felix não consegue esconder que a visita é incômoda, ele parece envergonhar-se ainda pelo fato de que pessoas em sua antiga diocese ainda precisem viver sob tais circunstâncias. Música *reggae* em alto volume ecoa pelos caminhos do antigo cemitério. Ainda se podem ler os nomes nas placas de pedra desgastada dos túmulos, nomes de pessoas que viveram aqui há trezentos anos e acreditavam ter achado sua última paz. Barracos de madeira foram espremidos entre as pedras. O morro é inclinado, os barracos estão como gáveas sobre os túmulos de pedra. O bispo sobe por um caminho lavado, a chuva tropical desceu com o lixo morro abaixo. Kelvin Felix para constantemente; na verdade, o caminho é muito íngreme para ele, eu pergunto se não quer ficar embaixo, mas ele não parece querer desistir. Passamos por cima de sacolas velhas de plástico, garrafas rachadas e fezes. Será que o Deus inexplicável queria que exatamente ali ocorresse um milagre?

A senhora Mary Jeremies vem em nossa direção. Ela vestiu seu vestido branco mais bonito. As irmãs da Madre Teresa, que cuidam dos mais pobres na favela, anunciaram-lhe nossa visita. Ela nos leva até uma escada de pedra. Abaixo estão varais de roupa; ao lado, sob o barraco propriamente dito da família, há um vão aberto. Kevin Jeremies, em sua roupa dominical, e sua estilosa namorada, que na Europa provavelmente conseguiria um contrato de modelo, estão diante de um monitor de tubo de raios catódicos e mandam alguns e-mails. O computador embaixo da mesa ficou algum tempo no lixo, mas parecia funcionar. Como será que conseguem eletricidade na favela? A senhora Jeremies nos leva para cima, para o barraco, onde preparou um lanchinho numa mesa simples, feita de caixas de madeira. Há água e garrafas de suco, está insuportavelmente quente, apesar das janelas estarem abertas. Em todo lugar há imagens do papa João Paulo II. A senhora Jeremies começa a contar sua história. Exatamente nesse momento cresce meu respeito pelo velho bispo negro. Era nítido que ele achava que tudo isso também era culpa sua, falha sua; como se ele pudesse salvar a ilha e resguardar mulheres como Mary Jeremies de tanta miséria. Eles ainda estavam a milhas de distância de poder levar uma vida feliz, também uma vida segundo os ideais da Igreja, simplesmente porque mulheres jovens como Mary Jeremies nunca tiveram uma chance. Elas só poderiam tentar ficar vivas e vender sua pele pelo maior preço possível para o próximo homem, para pelo menos ter proteção para si e seus filhos. A ilha, que parecia um divertido paraíso para os visitantes, nunca foi isso na realidade. Possivelmente, jovens homens hoje têm a possibilidade de simplesmente viver a vida, mulheres em Santa Lúcia nunca tiveram isso. Minha consideração pelos senhores que ficavam despreocupados na praia sumiu rapidamente, a verdade sobre a vida nessa ilha estava escrita no rosto de Mary Jeremies. Ela cresceu numa família paupérrima, não pôde ficar na grande família dos pais, já jovem se juntou com um homem. Enfim, teve seis filhos de homens diferentes, Kevin era o caçula. "Eu já tinha cinco filhos e, quando Kevin nasceu, eu sabia que algo não estava bem com ele. Desde o início ele não conseguia respirar direito, era muito fraco para mamar; fiz de tudo para tentar alimentá-lo, mas ele não conseguia se erguer, não conseguia engolir. Fui até o hospital, até o Dr. Simmons, muitas vezes, ali davam oxigênio para a criança. Mas o doutor não me deu grandes esperanças, Kevin sempre ficava deitado sobre as costas, muitas vezes seu rosto ficava azul, então eu o levava novamente para o hospital, foi assim mês a mês. Nos olhos dos médicos, quando eu levava Kevin, eu via que eles realmente não podiam ajudar. Quando ouvi que o papa viria, costurei um belo vestido para mim. Eu queria estar na Santa Missa, perto do mar, eu deveria cantar ali com nosso coro da igreja. Mas então veio esse sonho."

"Que sonho?", perguntei para a simpática mulher que constantemente enchia meu copo de água.

"Eu sonhei que um homem viria para Santa Lúcia, um homem que ajudaria Kevin. Mais do que isso eu não sabia, no sonho só descobri isso. Não sei mais por que, mas eu disse ao homem com o qual eu vivia na época: 'Um homem está a caminho, um homem que ajudará Kevin'. Eu não sei mais ao certo quando foi isso, alguns dias ou uma ou duas semanas antes da visita do papa. Mas eu não tinha entendido que se referia ao papa. Eu nem queria ir para a igreja, onde os doentes esperavam para encontrá-lo. Eu queria cantar, eu estava programada, Kevin deveria ficar em casa com seus irmãos. Então, eu realmente não sei mais por que, eu apenas pensei: talvez o papa seja o homem que deve vir. Eu não estava certa, mas disse ao padre que não viria para a missa e que também não cantaria, eu queria ir com Kevin até o papa. Mas eu não sabia como, pois eu não tinha ingresso. A diocese me disse que só fiéis que já tinham se inscrito receberiam um ingresso para ir à igreja quando o papa viesse. Mesmo assim, eu fui para lá. Falei com os policiais e com os padres, e eu tinha Kevin nos braços que quase não conseguia respirar. Ele parecia estar ficando novamente todo azul. Finalmente consegui me impor e entrar na igreja. Esperei com as outras mulheres no altar, e então veio o papa. Ele atravessou o corredor central e veio diretamente na minha direção. Eu não conseguia me mexer de surpresa, eu pensava o tempo todo: Meu Deus, ele realmente vem até você e você não pensou em nada para lhe dizer. De repente ele estava na minha frente. Ele beijou Kevin e o benzeu. Eu só gaguejei: obrigada. Depois fui para casa. Eu cantei no caminho para casa, eu não estava mais triste. Em casa, já era de noite, coloquei Kevin em sua caminha e o acariciei; então eu rezei e rezei, porque eu esperava que talvez o papa fosse aquele homem que viria.

Porém, nessa noite seu estado não melhorou, ele quase não conseguia respirar e eu pensei em levá-lo novamente para o hospital; depois ele adormeceu. Na manhã seguinte, eu desci do barraco, lá onde o senhor entrou. Pendurei a roupa no varal, de repente as crianças gritaram: 'Mamãe, mamãe, venha! Kevin saiu da cama, ele está indo na sua direção. Eu pensei, eles querem brincar comigo, então eu vi Kevin, ele vinha em minha direção, e quando eu quis pegá-lo nos braços, ele subiu novamente a escada, como se quisesse brincar de pega-pega. Ajoelhei-me e rezei: que sorte de vivenciar um milagre. Conhecidos informaram o Dr. Simmons, ele não podia acreditar, então eu lhe disse no telefone que Kevin de repente conseguia andar, ele não acreditava em mim."

Seus olhos brilhavam, quando Mary Jeremies nos acompanhou caminho abaixo, também Kevin nos acompanhou e, quando chegamos embaixo, o jovem me puxou para o lado. "O papa", perguntou ele, "me diga, que tipo de homem era."

"Tento descobrir isso há muito tempo", respondi. "Mas estou certo de uma coisa: ele nunca duvidou de que Deus consegue realizar coisas inacreditáveis."

O HOMEM FURIOSO DO VATICANO

Nápoles, março de 2004. O oficial carabinieri jogava da esquerda para direita sobre sua escrivaninha uma bala que brilhava como se fosse de bronze polido. Ele a recebeu via correio, embrulhada numa carta ameaça, mais um aviso, nada incomum na luta contra a máfia napolitana Camorra. Nos dois anos em que pesquisei um caso de lavagem de dinheiro, conheci muitos oficiais. Eles faziam um dos trabalhos mais duros do mundo: travavam guerra contra a Camorra, e era uma guerra de verdade; não dois ou vinte, o número normal de mortos por ano, nessa guerra era duzentos. Eu ainda me lembro de que algum prisioneiro berrava na cela da caserna, perto do corredor, e o oficial de repente riu para mim.

"O seu papa conseguiu mais uma vez. Agora a Camorra novamente morre de medo dele. O sujeito que você escuta berrando ali reclamou amargamente. Pode-se realmente ter pena dos gângsteres, agora o papa manda santos contra eles."

"Como é?", perguntei.

"Nós pegamos esse gângster da Camorra traficando alguns quilos de cocaína, e ele me disse: 'Querido senhor oficial, o que nós da Camorra devemos fazer? Vocês não querem que façamos negócios, não querem que demos trabalho para as pessoas, vocês não querem que nos defendamos – e agora o papa ainda manda um santo contra nós. Isso não é justo'." Ele riu para mim. "Os garotos realmente quase me dão pena."

"Não compreendi nenhuma palavra."

"O homem furioso do Vaticano supostamente atacou de novo."

Eu tinha que rir: no sul da Itália ainda o chamavam assim. "O homem furioso". Muito pouca fúria ainda havia nesse homem. Um papa débil, cujas mãos tremiam, estava sentado na Praça de São Pedro e seu olhar só queria dizer aos peregrinos e ao público do mundo inteiro: "Perdoem, eu simplesmente não posso mais, eu só posso lhes mostrar mais uma coisa, que há muito coloquei minha vida nas mãos de Deus". Mesmo que agora seja um homem fraco, aqui no sul eles não se esqueceram do papa forte e furioso do dia 9 de maio de 1993, sobretudo aqueles que estavam na guerra contra a máfia (ver imagem na página 140). Na ocasião ele literalmente gritou com os gângsteres. Ele berrou com eles durante a missa. "Agora me dirijo aos responsáveis", e ele se referia aos mafiosos, "confessem sua culpa, mudem de lado", ele exigiu e então aconteceu o inexplicável. Alguns chefes importantes, entre eles o "padrinho" da Camorra, Carmine Alfieri, o homem, cuja fortuna foi estimada em mais de 1,2 bilhão de dólares, que fazia parte dos homens mais ricos do mundo, decidiu seguir o chamado do papa. Ele começou a falar na prisão, a cometer o pior de todos os crimes segundo o código de honra da máfia: traição. E ele sabia que isso seria uma garantida sentença de morte para muitos de sua família. Ele depôs. Ele explicou como a Camorra funcionava de verdade. A vingança dos gângsteres foi terrível: seu filho Antonio foi executado, depois os gângsteres mataram seu irmão, dois sobrinhos e seu genro, Vincenzo Giugliano. O duro chefe dos gângsteres mandou numa organização que supostamente cometeu mais de 500 assassinatos entre 1983 e 1993, e ele se curvou diante das palavras de um homem do vilarejo polonês de Wadowice, Karol Wojtyla. Ele se curvou diante de suas mãos vazias, sua impotência e sua fé em Deus.

Mesmo que os carabinieri não gostassem de reconhecê-lo, eles tinham um pouco de inveja do papa por esse êxito. Afinal de contas, eles tinham tentado de tudo para fazer Alfieri mudar de lado, para pressioná-lo. Eles conseguiram prendê-lo em 1992, mas só o papa conseguiu romper o feitiço do mal. O papa levou o padrinho a confessar, e com isso criou um verdadeiro problema para a Camorra. Depois dos depoimentos de Carmine Alfieri, mais de quatrocentos gângsteres suspeitos foram presos. O homem furioso do Vaticano conseguiu isso, e eu sei que os carabinieri muitas vezes se perguntavam o que esse papa tinha que eles não tinham. Por que a voz de um Karol Wojtyla, sobre cujas opiniões seus críticos só riam cansadamente, podia conseguir algo que um gigantesco aparato de justiça e polícia não conseguia? E esse homem agora mandara um santo?

"Que tipo de santo?" Eu ainda não compreendia.

"O papa supostamente realizou um milagre."

“Só Deus realiza milagres”, objetei.

“Tudo bem, então o bom Deus lhe fez o favor de um milagre, em todo caso, ele supostamente curou um padre com doença terminal, e depois...”

“O que aconteceu depois?”

“Depois ele mandou esse padre para cima da Camorra. O que você acha que os gângsteres pensam disso?”

*

Eu podia imaginar: a máfia na Itália, tanto a Cosa Nostra siciliano-americana, como também a Camorra, de Nápoles, sempre tiveram uma forte relação com a Igreja. Eles não se viam como aquilo que eles realmente eram, como uma organização criminosa, mas como uma alternativa ao Estado. Para um desempregado em Nápoles, era completamente normal dirigir-se à Camorra ao invés da agência de empregos. O mesmo valia quando se precisava urgentemente de uma cama no hospital, uma vaga na escola para os filhos ou um apartamento pagável. A Camorra não é um problema por ser uma organização de criminosos, a Camorra é uma parte da cultura e está vinculada com o sul da Itália, e ela sempre faz negócios quando pessoas são deixadas desamparadas pelo Estado. Um pai, cuja filha tivesse sofrido algo, não iria para a polícia para pedir ajuda, mas para a Camorra. Mas os criminosos não gostavam de combater a Igreja, o sagrado, eles tinham contato com padres de sua confiança, muitos se confessavam regularmente e organizavam uma procissão própria, feita para os membros da Camorra. Uma das procissões mais famosas da máfia era a procissão do Santo Onofre, em Vibo Valentia, ao sul de Nápoles. Ali os conhecidos chefes da máfia reivindicaram o direito de carregar a estátua do santo, até que o bispo de Milet interveio. Agora só cidadãos íntegros podem carregar a imagem.

"Você tem certeza?", perguntei novamente. "Você acha que o papa realizou um milagre e curou um homem que foi mandado para o *front* contra a Camorra? Um herói?"

"Sim", disse ele, "exatamente. Não me pergunte quem é. Os gângsteres não dizem para ninguém, eles só reclamam que o padre destrói seus negócios. O velho homem do Vaticano atacou novamente. Será que ele só é furioso contra a máfia?"

"Besteira! Especialmente contra seus próprios homens, ele ainda pode ser muito mais furioso." Eu lhe contei daquele dia na África, que nenhum de seus colaboradores esquecerá. Arturo Mari, o fotógrafo do papa, nunca fez fotos tão bonitas (ver imagem na página 139). Um bispo queria mostrar ao papa a nova construção de uma igreja no deserto da África, mas Karol Wojtyla viu um pobre barraco no meio do caminho. Ele foi em direção ao barraco e o habitante surpreso olhou para fora. Na ocasião, Arturo Mari estava bem ao lado do papa: "João Paulo II pegou uma caixa que estava diante do barraco, um tipo de velha caixa de frutas, virou-a ao contrário e se sentou em cima, depois colocou outra caixa diante de si, como uma mesa. Ele disse ao motorista para trazer as bebidas que foram colocadas no carro para ele e o bispo. O motorista voltou com uma garrafa de refrigerante. Então, uma criança tímida olhou para fora da entrada do barraco, depois outra, e outra, finalmente eram sete. O papa lhes fez um sinal para que viessem até ele, e logo estavam pulando em torno dele, elas brincavam com sua batina branca. Ele as pegava nos braços, as apertava, deixava que brincassem em volta de suas pernas. Após pouco tempo, a batina branca parecia totalmente suja. Ele lhes ofereceu o refrigerante e o pai da família lhe contou como todo dia tentava ganhar um dólar para que a família não tivesse que passar fome." Nesse dia o papa esvaziou seu bolso, e obrigou o bispo a fazer o mesmo, e deram para o homem o pouco que tinham consigo. No caminho de volta, Karol Wojtyla falou com o bispo. "Cuide de suas pessoas e, se precisar de ajuda, então venha diretamente a mim", ordenou. Era Karol Wojtyla, que já em 1984 criou a Fundação João Paulo II para o Sahel, na África.

"Ele pode ficar bastante furioso contra seus próprios homens, quando não se preocupam com as pessoas, porque ele ama as pessoas mais do que a si mesmo. Você pode ver isso todo dia na Praça de São Pedro", repeti para meu interlocutor. "Mas você realmente não faz ideia de onde esse padre que viveu supostamente o milagre poderia estar?" Ele prometeu se informar.

QUEM É?

Quando voltei a Roma, eu vasculhei as listas das audiências, chequei os nomes de todos os padres da Grande Nápoles que estiveram com o papa nos últimos tempos. Só havia uma explicação. O homem devia estar gravemente doente e recobrou a saúde de modo estranho após o encontro com o papa. Portanto, eu só teria que procurar por padres doentes da área metropolitana de Nápoles. Todos os doentes que participam das audiências papais, sobretudo se são padres, têm o direito de chegar a um setor determinado na Praça de São Pedro ou na sala de audiências papa Paulo VI; após a audiência, normalmente o papa vai até eles, mas em 2004 ele já não conseguia isso faz tempo, por isso os doentes eram levados até ele depois das audiências. Eu controlei nome por nome, encontrei alguns padres de Nápoles que estiveram com o papa, mas todos que eu descobri estavam sãos ou estiveram doentes antes da audiência com o papa, e depois continuavam doentes. Eu me dirigi ao fotógrafo do papa, Arturo Mari, e perguntei se conseguia se lembrar de um grupo de padres de Nápoles numa audiência privada, entre os quais também havia padres doentes. Ele só citou os grupos que eu já tinha checado, mas eu não consegui encontrar nenhum padre doente que ficou são após o encontro com o papa. Nada.

Naturalmente, era possível que o respectivo padre estivesse muito doente, mas que não se pudesse ver sua doença. Talvez ele nem tenha se colocado no setor reservado para doentes e participou da grande audiência geral ou de uma audiência privada sem ser notado. Chequei novamente os nomes de todos os padres da região de Nápoles. Nada.

Droga, pensei, ou o oficial dos carabinieri entendeu errado a Camorra e não existe padre herói, ou a Camorra acredita num padre milagroso que não existe, ou eu simplesmente ainda não o encontrei. Liguei novamente para meu amigo carabinieri e perguntei se havia descoberto mais alguma coisa sobre o padre, mas ele não pôde me ajudar. "Sinto muito. Não sei de mais nada, mas acredite em mim, a história é real. Metade da Camorra pragueja contra esse santo. Só que eles nunca nos dirão quem é."

Agora eu só tinha mais uma chance: Francesco, o único gângster da Camorra que eu conhecia suficientemente bem para poder fazer uma pergunta. Francesco se converteu e fazia parte do programa de proteção às testemunhas. Na época, eu pensava que testemunhas viviam em constante medo da vingança da máfia em apartamentos que pareciam fortificações, vigiadas por um exército de soldados armados até os dentes. Quando vi Francesco pela primeira vez, ele dormia de calça de moletom no sofá diante da televisão no apartamento de um oficial carabinieri, tinha acabado de almoçar e roncava alto e feliz. Francesco vivia na caserna dos carabinieri, para sua própria proteção. Ele dormia na sala de reunião ou na cela de prisão da caserna, quando não era utilizada; tomava café da manhã com os carabinieri, comia um monte de bolachas doces nas alas de serviço e à noite via televisão com um funcionário de serviço. Para almoçar, ele subia até o apartamento do "Masciallo", o suboficial, cuja atraente esposa cozinhava excelentemente. Quando se entediava, jogava cartas com os carabinieri. De vez em quando, outros postos emprestavam a testemunha. Ele tinha que identificar suspeitos, o que quase nunca podia, e repetir muitas vezes os detalhes de seus serviços para os cartéis de gângsteres. Ele ficou gordo pela vida na caserna e já tinha deposto em vários processos, mas naturalmente ele era um peixe pequeno. Minha mulher Kerstin conheceu uma vez um peixe grande do programa de proteção à testemunha, um chefe da máfia siciliana e assassino, e sua vida no programa de proteção à testemunha era muito menos atraente.

Francesco esteve envolvido com negócios de lavagem de dinheiro, e seu truque era tão simples que eu temia que pudesse ser facilmente imitado. Na internet, ele arrumava modelos de certificados de bancos. Neles, um grande banco assegurava de que o proprietário desse certificado tinha deixado, em alguma conta no mundo, geralmente na Arábia ou nas Ilhas Cayman, gigantescas cifras, como 500 milhões de dólares. O trabalho de Francesco era conseguir um elegante terno e um bom carro e procurar filiais de caixas econômicas na Europa, geralmente na Alemanha. Então Francesco entrava na caixa econômica e alugava um cofre, tudo inteiramente legal. Ele pegava um recibo com o funcionário da caixa econômica, em que estava escrito que nesse cofre se guardava um certificado bancário que afirmava que o usuário desse cofre depositou, em algum lugar do mundo, somas no valor de 500 milhões de dólares. Essa é a origem da fraude. Com isso, o trabalho de Francesco estava feito. Os gângsteres iam com tal recibo de cofres de caixas econômicas para grandes bancos. Eles colocavam os recibos das pequenas e sérias caixas econômicas na mesa e pediam um crédito para modestos 1 ou 2 milhões de dólares, ou seja, troquinho se comparado com a garantia de 500 milhões de dólares. Com esse dinheiro, eles sumiam para sempre. Assim que o grande banco começava a desconfiar, ele se dirigia à pequena caixa econômica e perguntava se realmente havia no tesouro como garantia um certificado bancário para uma soma monstruosa. Então, os funcionários da caixa econômica confirmavam isso. Mas o que geralmente não falavam, era que nunca em sua vida viram o tal certificado bancário e que, na verdade, não sabiam o que realmente estava em seu tesouro. Passados alguns meses, quando havia realmente agitação, o grande banco queria ver da caixa econômica o certificado bancário guardado – e então a coisa explodia. O grande banco queria saber como a caixa econômica pôde ser tão ingênua de confirmar por escrito que tem um certificado em seu tesouro sem verificá-lo. Pois assim, algum banco tinha que cair nessa suposta garantia e acreditar que fosse verdadeira. A caixa econômica tinha que confessar que alugou um cofre sem saber se os papéis que estavam ali guardados eram verdadeiros ou não. O que sempre me fascinou mais nesses casos era que os bancos lesados preferiam engolir o prejuízo de alguns milhões de dólares do que confessar publicamente que foram enganados. Os bancos quase nunca faziam denúncias, os criminosos escapavam impunes e enchiam os caixas da Camorra.

Como a mulher de Francesco já tinha se separado há muito tempo dele e como os seus próximos já estavam mortos, a testemunha não sabia exatamente para onde ir e, quando fui a Nápoles de novo, ele ainda estava deitado no sofá do oficial carabinieri e roncava. Esperei pacientemente até que acordasse, depois fiz um café na cozinha e expliquei o que eu queria.

"Um milagre?", perguntou.

"Sim", disse eu, "o padre que eu procuro supostamente vivenciou um milagre. Ele devia estar muito doente e, depois de uma visita ao papa, não estava mais."

"E a Camorra sabe disso?"

"Sim, estou absolutamente certo de que sabem desse homem."

"E que não gostam muito dele, isso está claro. Quem é que gosta de se meter com um santo?", suspirou Francesco.

"Você poderia se informar?", perguntei e sabia exatamente o que ele responderia agora: um sermão infindável de protestos de que ele não tinha mais nada com os gângsteres, que não conhecia mais ninguém e não falava com mais ninguém, que tinha começado uma vida nova e que agora estava do lado do cidadão íntegro e que nunca, nunca mais, queria ter algo com a Camorra. Naturalmente isso era besteira, para pessoas como Francesco, um verdadeiro corte, uma separação clara da Camorra não era possível, mesmo que quisesse com todas as suas forças. Sua intenção de nunca mais tratar com pessoas que fazem parte da Camorra era irrealizável, porque seu irmão fazia parte da Camorra, assim como todas as suas tias que melhoravam suas aposentadorias como sentinelas, e quase todos os seus sobrinhos e sobrinhas. Por isso ele tinha que viver no posto policial, pois, como uma família assim poderia aceitar em sua casa uma testemunha, ou seja, um traidor?

Depois que Francesco rezou sua confissão de cidadão, eu perguntei novamente: "Meu caro, eu sei como você está incrivelmente limpo agora, mas, por favor, tente se informar."

Ele rosnou relutante e eu saí. Visitei alguns amigos em Nápoles e na noite do dia seguinte voltei para Roma. No caminho, fiz um pequeno desvio até a caserna de Francesco. Ele estava sentado com o moletom na cela, a porta estava aberta e ele folheava uma revista pornô. Ele olhava para a caixa de biscoitos de luxo e o pacote de cigarros que eu levei. Um dos muitos detalhes que tive que aprender na Itália era que gângsteres do sul da Itália não bebiam. Se eu tivesse que levar algo para um gângster alemão, seria uma boa garrafa de conhaque ou whisky. Isso não era bem-visto no ambiente da Camorra; ali, biscoitos de luxo eram muito mais bem-vindos.

Sentei-me ao seu lado na cela, coloquei os cigarros de lado e olhei para ele.

"E?", perguntei.

"O papa realizou um milagre, realmente é verdade. Um milagre, um grande milagre."

"Tudo bem. E onde está o padre?"

Ele balançou a cabeça. "Não faço ideia, parece ser uma história muito delicada, porque os caras da pesada não querem problemas com o padre."

"Você sabe de mais alguma coisa?"

"Não."

Eu peguei novamente os cigarros e o pacote de biscoitos e fui saindo da cela.

Então ele se levantou lentamente, isto é, ele rolou com seu peso da cama.

"E?", perguntei. Ele pegou o pacote de cigarros e a caixa de biscoitos da minha mão. "O padre que você procura estava na cadeira de rodas; e depois que o papa realizou o milagre, ele voltou a Nápoles. Com suas próprias pernas."

*

As semanas que se seguiram pertenciam às frustrantes desse ano de 2004. Finalmente, eu sabia pelo que teria que procurar, e o fiz com o máximo de esmero. Chequei cada padre que nos meses passados foi levado de cadeira de rodas para o papa. Mesmo que as pessoas me tomassem por completamente louco, pesquisei cada caso. As conversas sempre eram iguais: eu me informava por telefone pela saúde de um padre doente ou com problemas de locomoção que participara de uma audiência com o papa, e tentava fazer, do modo mais discreto possível, a pergunta se por acaso houve alguma melhora drástica em sua saúde. A maioria das donas de casa ou funcionárias pensava que eu tinha um parafuso a menos. "O senhor quer saber se o monsenhor ainda está sentado numa cadeira de rodas? Pois onde o senhor pensa que ele está sentado? Numa motocicleta?" Eu examinei cada caso: nada.

LEO E O PAPA

Como sempre, nesse ano de 2004 eu fui regularmente às audiências do papa João Paulo II, e era tocante ver como haviam mudado. Durante décadas o papa foi um professor, ele interpretava a Bíblia Sagrada, contava de suas viagens, falava das injustiças no mundo. Agora ele estava sentado ali, calado, como uma oração petrificada. Permitiram que eu levasse meu filho, que na época ainda não ia para a escola e, de vez em quando, eu o levava comigo para as audiências. Uma vez o papa me viu com ele e acenou para nós. Fui com Leonardo, que na época tinha cinco anos, até o homem com o rosto encerado. Estávamos diante dele, ele levantou os braços e me olhou, no seu olhar estava escrito: "não consigo mais levantá-lo até meu colo, me ajude!" E eu levantei Leo. Karol Wojtyla abraçou o mais forte que podia meu filho, que sorria de alegria, e o beijou. Era incrível como o olhar cansado de Karol Wojtyla despertava quando tinha uma criança nos braços. Era como se tivesse a vida propriamente dita nos braços, ele apertava Leonardo e o segurava como se o pequeno garoto pudesse consolá-lo. Nesse dia, ele olhou longamente para mim, e até hoje não consigo esquecer esse olhar. Não havia mais o rigor dos primeiros anos, a acusação silenciosa de quando eu havia escrito mal sobre a Igreja católica, e também não mais o olhar do papa maroto, engraçado e também não mais com aquela vontade incondicional para suportar tudo. E eu ainda me lembro exatamente desse olhar. Quando nos recebeu no Vaticano, por ocasião da centésima viagem ao exterior, àqueles que frequentemente estiveram presentes, e então ainda tinha aquela expressão nos olhos azuis que parecia dizer: não olhe para minha mão trêmula e minhas pernas que ficaram pesadas, preste atenção em minha vontade, pois ela está inteira.

Mas agora havia outro olhar em seus olhos, e esse olhar dizia: "Seja um bom pai para essa criança, cuide dela. Você terá que se virar sem minhas puxadas de orelha. Agora é a sua vez, meu tempo já acabou. Só posso colocar em suas mãos fazer aquilo que eu preguei, eu não tenho mais forças. Agora é a sua vez." Mas mesmo nesse dia ainda estava escrito outra coisa nos olhos desse papa, como se ele, o doente terminal, quisesse me consolar. Suas mãos, que acariciavam meu filho, pareciam dizer aquilo que ele dissera desde que o elegeram: não tenham medo! E eu não sei se em algum outro dia de minha vida recebi um presente maior.

Quando chegamos em casa, meu filho foi para o seu quarto e disse: "Ele me deu um beijo e agora vou pintar um quadro para ele." Mais tarde ainda levei o quadro com Leonardo para o Vaticano, e o papa, como lembrança, escreveu seu nome sobre ele. Talvez seja também isso o que faz de Karol Wojtyla tão especial. Eu sei exatamente que todas as obras de arte dos gênios Michelangelo e Rafael, tudo o que tinha diariamente no Vaticano, não teriam a menor chance contra um quadro de uma criança. Eu o vi muitas vezes diante das obras de Rafael, mas nunca ele se mostrou tão interessado pelos antigos quadros maravilhosamente perfeitos quanto por cada um dos milhares de quadros pintados por crianças que recebia aos montes nas audiências. Frequentemente, ele falava sério com as criancinhas sobre suas obras. Ele perguntava: "Aqui no quadro, quem é esse?"

"Ora, é você", diziam muitas vezes.

"Ah, isso é o papa, e isso aqui é uma igreja? Onde está o papa também tem que haver uma igreja."

"Claro", diziam as crianças então. Eu também ainda ouço como meu filho explicou seu quadro: "Este é o grande ding-dong em Roma, a igreja que faz ding-dong."

"Ah, é a Basílica de São Pedro, agora eu entendo", disse Karol Wojtyla, como se em sua vida nunca tivesse tido algo mais importante do que falar com essas crianças. Cada vez que eu via isso, pensava a mesma coisa: pode-se reconhecer um grande homem pelo fato dele não esquecer os pequenos.

Nessa época tentei, sem sucesso, perguntar aos participantes assíduos das audiências papais se lembravam de um padre de cadeira de rodas que viera de Nápoles. O chefe da prefeitura da casa papal, James Michael Harvey, que participou de todas as audiências, por princípio não falava com ninguém; o organizador das audiências papais, o chefe de protocolo oficial, Padre Leonardo Sapienza, igualmente, não queria dar informações. Aos poucos tive a sensação de caçar um fantasma. Liguei na caserna dos carabinieri e um soldado nervoso enfim me passou Francesco, que não gostava de ser perturbado quando via televisão. Eu o repreendi porque as informações eram falsas, que nenhum padre de Nápoles numa cadeira de rodas esteve nos últimos tempos com o papa. Francesco só disse que já era tarde demais, pois o padre desapareceu, para a África. Eu não acreditei em nenhuma palavra, pensei que ele queria fazer desaparecer na África um padre que nunca existiu.

Liguei exaltado para o oficial dos carabinieri.

"Esse padre anticamorra nunca existiu, certo? Ou a Camorra fantasiou algo para vocês, ou vocês mesmos fantasiaram." Em seguida tive que suportar uma boa ironia. "Ora, você é um péssimo jornalista, eu nunca pensei isso. O que você faz o dia inteiro, fica deitado, com preguiça? Teus concorrentes o encontraram há muito tempo."

"O quê?" Eu estava apavorado.

"Eles o chamam de D. A., provavelmente se chama D. Antonio ou D. Andrea, ou sei lá eu. Em todo caso, ele não quer falar sobre o milagre, pelo menos não agora, ele informou isso aos teus colegas e depois se mandou para a África. Certamente não está mais em Nápoles. Dessa vez você está muito atrasado, teus colegas foram mais rápidos. Aliás, diz-se que ele estava numa cadeira de rodas e que, de repente, voltou a andar. Quem sabe se algum dia voltará para cá, mas você pode esquecer a história."

Portanto, eu tinha perdido. O homem estava longe. Não me atrevi a usar meu curinga e perdi. Ainda que fosse tarde demais, pelo menos eu queria saber quem era o homem pelo qual procurei, e decidi utilizar um contato que usava poucas vezes. Era um padre natural da minha terra natal, na Westfália, trabalhou ali como padre e agora tinha um cargo bastante alto no Vaticano. Às vezes saíamos para comer. Mas eu sabia que não podia forçar demais; se tentasse forçar demais, ele cancelaria o encontro para almoçar. Só que dessa vez, eu tinha que saber o que aconteceu. Sempre nos encontrávamos num amplo restaurante, o Gianicolo, bem perto do Vaticano.

Eu perguntei abertamente se ele sabia do padre que supostamente vivenciou um milagre, que estava preso a uma cadeira de rodas e depois, de repente, desapareceu para a África. Ele me olhou consternado: "Besteira completa. Não existe um padre assim."

"Mas eu tenho certeza. Ele tem que existir."

"Então me diga quando o milagre supostamente aconteceu."

"Sei disso com certeza absoluta: na primeira semana de março deste ano."

"Na primeira semana de março, você tem certeza absoluta?"

"Sim, absoluta, cem por cento de certeza."

Ele olhou para mim, depois caiu na gargalhada. Seus cabelos grisalhos cortados corretamente perderam a forma em alguns milímetros. "Você está totalmente no caminho errado", disse ele. "Mas totalmente."

"Como assim?", perguntei.

"Pense por um instante, faça uma exceção e use sua cabeça. O que aconteceu na primeira semana de março deste ano?"

"Não faço ideia", disse eu um pouco irritado. "Eu não sei."

"Então olhe em sua agenda. Era a semana dos exercícios espirituais, portanto, sua informação cem por cento correta não pode estar certa. Essas semanas de exercícios espirituais são as únicas em todo o ano em que todos os encontros são cancelados. O papa não pode – mesmo que quisesse – receber um padre napolitano, benzê-lo e curá-lo. Totalmente impossível."

Ele tinha razão. O edifício de suposições e informações imprecisas ruiu. Se havia uma época no ano em que o papa não podia benzer ninguém numa cadeira de rodas, então era a semana dos exercícios espirituais. Era completamente impossível, porque todos os encontros, absolutamente todos, eram cancelados. A semana dos exercícios espirituais tinha a vantagem para os especialistas em Vaticano de que se podia sair de férias, pois durante toda semana não havia nada para fazer, porque o papa, em vez de receber pessoas importantes, não fazia nada em público, mesmo a audiência geral era cancelada. Nessa semana, ele rezava com os outros membros da cúria.

"Você vê", disse meu informante. "Tudo besteira. Não existe milagre com um padre de Nápoles."

*

Passaram-se meses. Na época eu lecionava de vez em quando no curso de jornalismo na Universidade Sacro Cuore, perto da Piazza Navona, em Roma. Depois de um dos cursos, eu estava sentado no refeitório com os estudantes, e um deles, um africano negro que queria tornar-se porta-voz da diocese, falou na mesa de um milagre. "Uma semana o papa esteve com o bispo e então realizou um milagre. Um padre de Nápoles, que estivera durante anos na cadeira de rodas, de repente voltou a andar."

Havia entusiasmo na mesa por causa do milagre, e eu hesitei um pouco antes de dizer: "Acho que isso não é verdade. Na época tentei descobrir algo sobre a coisa, mas eu temo que não passa de um boato que circula no Vaticano."

"O senhor decide", disse o estudante africano que se sentiu injustiçado. "Foi um bispo que contou para mim, e não alguém que acredita em fantasmas."

Eu me desculpei, talvez eu simplesmente não tivesse procurado com suficiente esmero.

Voltei da faculdade para minha casa. Então o boato chegou até os estudantes, portanto, qualquer um que tivesse algo a ver com o Vaticano deve ter ouvido essa lenda, que um padre, que se opôs à Camorra, foi curado milagrosamente. Mas tal lenda era uma lenda. A única coisa que me fez desconfiar foi um detalhe. Por que o estudante disse que um bispo que "esteve uma semana com o papa" lhe relatou o milagre? Não havia bispo que pudesse estar uma semana com o papa. Ou o bispo vivia com o papa na casa papal, que, além de seu secretário, o bispo Stanislaw Dziwisz, eram muito poucos, ou os bispos vinham por um dia até o papa, para falar com ele, mas não por uma semana. Mesmo na semana da Páscoa ou do Natal, não vinha de repente morar um bispo no apartamento do papa. A única possibilidade era que o bispo tinha vindo para passar as férias junto com o papa em Castel Gandolfo. Mas eu teria notado. No verão eu sempre ia para Castel Gandolfo, já pelo simples fato de que ali havia o presente mais desejado de Roma: leite da produção da fazenda do papa. Só que era necessário saber onde se comprava esse leite em Castel Gandolfo. Eu estacionei a Vespa diante da porta quando me lembrei de que houve uma semana em que o papa esteve com um bispo, a semana dos exercícios espirituais. Um raio parecia ter me atingido. Subi correndo as escadas. A semana dos exercícios espirituais também é a semana em que o milagre supostamente aconteceu. Liguei o computador. Cada ano, um bispo preparava a semana dos exercícios espirituais para o papa, cada vez um diferente. Mas quem foi nessa semana de março de 2004? Olhei rapidamente e pensei: bingo. Foi o bispo Bruno Forte, um homem da velha cidade de Nápoles.

Alguns dias mais tarde, eu estava sentado em frente do esbelto, atlético e forte D. Alessandro Overa, com seu rosto quadrado e decidido, e ele me olhou pensativo. "Você sabe o que não me deixa em paz?", perguntou. "A pergunta: por que eu? Há pouco tive que celebrar um enterro, um pai de família mais jovem do que eu. Ele deixa mulher e filhos, isso é terrível. Eu não deixaria ninguém, e mesmo assim ainda estou vivo, mas por que logo eu?"

"Acho que todos que vivenciaram um milagre se perguntam isso."

"Como é que você me encontrou?", perguntou ele.

"Sempre procurei no lugar errado, sempre procurei um padre que estava sentado numa cadeira de rodas."

"Infelizmente, estive sentado por muito tempo numa cadeira de rodas."

"E que esteve de cadeira de rodas com o papa."

"Eu nunca vi o papa. No dia em que estive no Vaticano, num sábado de Páscoa, para agradecer-lhe pelo que me tinha acontecido, ele ficou doente. Pessoalmente, nunca o vi."

"Simplesmente não contei com isso. Não conseguia imaginar que poderia haver uma cura milagrosa relacionada com o papa João Paulo II sem que ele estivesse perto do local em que o milagre supostamente aconteceu."

"Foi o bispo Bruno Forte."

"Eu sei", disse, "no final também cheguei até ele."

"Nesse ano, o bispo Forte rezou os exercícios espirituais para o papa e lhe disse que eu sofria de câncer. Ele prometeu rezar por mim, e já no dia seguinte o inacreditável aconteceu. Depois dos exercícios espirituais, Bruno Forte veio até mim, eu estava no hospital em Modena. Ele queria me dizer pessoalmente que o papa rezaria por mim. Isso foi pouco antes da biópsia, a retirada de material ósseo da minha pelve. Eu ainda brinquei com o médico: 'Não façam besteira, até o papa está rezando por mim'. Eles só queriam retirar uma amostra, para ver o que poderiam fazer contra minha doença. Eu já estava tomando morfina há meses e estava sentado na cadeira de rodas porque tinha dores muito fortes. Mas quando retiraram a amostra, a doença tinha desaparecido. Eu entrei com minhas próprias pernas no carro e dirigi de volta para casa."

"E os médicos?", perguntei.

"Ficaram fora de si. Eu também tinha o diagnóstico de que teriam se formado metástases que desintegrariam o osso da minha pelve. Os médicos me falaram repetidas vezes que simplesmente não era possível que eu estivesse curado, porque uma biópsia não tem nada a ver com uma cura. Eles só tiraram uma amostra do osso da pelve, ali onde eu realmente tinha dores insuportáveis. Eles não conseguiam se acalmar, sempre voltavam e me explicavam que a retirada de uma amostra assim, uma biópsia, não pode ter nada a ver com uma cura. Você entende, para os médicos eu simplesmente não podia estar curado."

*

Alessandro Overa cresceu no bairro mais difícil de todos em Nápoles, nos Quartieri Spagnoli, no coração da cidade antiga, o quartel-general da Camorra. Quando eu, aluno alemão da pequena cidade de Werl, andei pela primeira vez nos anos de 1980 pelos Quartieri Spagnoli, não acreditei no que vi ali. Na época, os acessos para as ruas que a Camorra governava estavam bloqueados. Isso significava que uma rua simplesmente foi interrompida por um muro ilegalmente construído. Somente à esquerda e à direita sobrava um acesso para os pedestres e para as grandes motocicletas dos esquadrões da morte e dos bandos de gângsteres da Camorra. A polícia, com seus carros, não conseguia perseguir os gângsteres de moto após um assalto a banco ou outros crimes, as ruas estavam bloqueadas. De vez em quando, a cidade mandava demolir um dos muros, à noite ele era novamente construído. Assim que os policiais envolvidos nessas ações para demolir os muros descobriam que seus carros tinham sido incendiados, ou que suas famílias tinham sido ameaçadas, eles desistiam de destruir esses muros. Na época, Nápoles estava como que dividida em zonas: havia a zona elegante, perto do mar, onde passeavam os turistas; havia partes da cidade em que se trabalhava; e havia a parte da cidade isolada por esses muros de proteção que a Camorra e não o Estado governava – e essa zona estava nos Quartieri Spagnoli.

A família de D. Alessandro Overa é pobre, muito pobre. Ainda me lembro de como ele me contou de sua infância e eu entendi a história completamente errado. Ele me disse: "Quando meu pai vinha para a escola..." Eu queria apontar para meu próprio destino como pai e o interrompi: "Eu também preciso levar meu filho todo dia para a escola, as ruas em Roma simplesmente são perigosas demais."

D. Alessandro riu.

"Mas meu pai não me levava para a escola, ele vinha para me buscar. Nós, crianças, nos escondíamos na escola ou no pátio, meu pai me procurava para que eu fosse trabalhar no bar com ele. Não era nosso bar, ele era empregado. Quando tinha muito movimento, eu tinha que lavar as xícaras de café, eu tinha aproximadamente dez anos". Ele se tornou coroinha, ajudava na paróquia, depois, aos poucos, amadureceu nele o desejo de tornar-se padre e, sobretudo, de sobreviver. "Nos Quartieri Spagnoli não é difícil entrar num tiroteio e ser assassinado, mesmo que você não tenha nada a ver com a Camorra. Ou você se resigna e morre internamente. Meu problema era a escola. Eu nem tinha um diploma decente do ensino médio, mas queria ser padre: sem diploma secundário, você não tem chance."

Alessandro falou com seus pais, confessou que queria tornar-se padre e eles ficaram chocados. "Eles viam isso como uma traição. Eles tinham a sensação de que eu os deixava sós. Meu pai queria abrir um bar próprio e eu deveria ajudá-lo. Então tive que sair de casa, eles não queriam me ver mais e desde então não passei mais nenhuma noite na casa de meus pais."

D. Alessandro foi novamente rejeitado como padre. Ele não poderia ser aceito se não terminasse o colégio. Finalmente permitiram que ingressasse num internato. Ele dormia e comia ali, e durante o dia ia para a escola, terminou o colégio e, enfim, ingressou no seminário de padres. Ele termina com distinção. "Depois me colocaram na minha paróquia natal, nos Quartieri Spagnoli. Foi uma época dura. Eu me lembro quando tive que dar a unção dos enfermos a um padrinho da Camorra que estava deitado na rua, gravemente ferido por tiros, e que depois morreu. Eles vieram até minha igreja para extorquir dinheiro em troca de proteção, e eu disse que não podia lhes dar dinheiro, pois pertencia à Igreja. Em compensação, tive que consagrar uma capela para eles." D. Alessandro luta sobretudo pelas crianças e pelos jovens. "Muitos te dizem: claro que amo Jesus, mas o que você me dá? Se me faço de sentinela para a Camorra, ganho 500 euros, isso é um bom negócio, e Jesus, o que Jesus me dá? As crianças te dizem coisas assim."

Para ajudar às crianças e aos jovens, D. Alessandro organizava acampamentos de verão. Os ricos de todo mundo vêm para o golfo de Nápoles nadar no mar, em frente a Capri e à Costa Amalfitana. Eles não sabem que as crianças dos bairros industriais de Nápoles muitas vezes nunca viram o mar. "As crianças daqui, todas elas, não sabem nadar, a maioria nunca esteve numa praia. Eu comprei grandes piscinas de borracha e as montei para poder fazer um acampamento de verão, as crianças deveriam brincar nelas. A Camorra me roubou tudo, as piscinas, as bombas para enchê-las, tudo."

Então D. Alessandro Overa ficou doente, diagnóstico: câncer no testículo. Ele lutou contra a doença e após cinco anos parecia curado, então surge o diagnóstico catastrófico. Supostamente o câncer se deslocou, médicos constatam metástases nos ossos. D. Alessandro sentia dores tão fortes que não conseguia mais andar, ele precisou usar uma cadeira de rodas e recebeu morfina para aguentar as dores. Os médicos precisaram de amostras da substância óssea destruída pela doença, ele precisava ir para uma clínica especializada em Modena. Seu amigo de juventude, o bispo Bruno Forte, nesses dias, dirigiu os exercícios espirituais para o papa João Paulo II, e contou a ele do difícil destino de D. Alessandro, e o papa prometeu rezar por ele.

"Quando os médicos retiraram a amostra, resultou que os receios infelizmente estavam corretos, os ossos foram atacados e destruídos. Mas então aconteceu o inacreditável. De repente, eu não senti mais dores. Era incrível, mas depois de um ano na cadeira de rodas, eu consegui andar novamente. As dores simplesmente sumiram. Eu não tinha mais que tomar morfina, os médicos ficaram admirados, algo assim era impossível. Infelizmente, algumas pessoas descobriram que eu tinha sido curado. Mas prometi não contar nada. Então eu fui para a África."

Agora D. Alessandro lutava numa das comunidades mais difíceis do mundo, ao lado do novo quartel-general da Camorra no norte de Nápoles, em Casoria, por uma vida melhor para sua comunidade. "Eu não tenho medo", ele me disse na despedida; "cresci com a Camorra. Eu sei o que fazem." No escritório de sua paróquia há um grande pôster do papa João Paulo II, exatamente em frente a sua escrivaninha. "Sempre olho para ele. E desde aqueles dias eu me pergunto: por que eu?"

NAS MÃOS DE DEUS

Cidade do Vaticano, abril do ano 2005. O Vaticano esperava cada dia para que o grande milagre acontecesse. Normalmente, se ri complacentemente de pessoas que esperam que aconteça algo engendrado por forças sobrenaturais, como o fim do mundo. Mas na época não havia dúvida no Vaticano de que esse grande milagre seria só uma questão de tempo. Afinal de contas, durante toda sua vida, o papa João Paulo II nunca escondeu como os milagres lhe eram importantes. Ele mandou examinar mais milagres do que todos os seus precursores juntos. Portanto, se existe um Deus bondoso, e se esse Deus realiza milagres na Terra, então não podia haver dúvida de que a alma do falecido papa ia se dirigir a esse Deus para pedir milagres para a Terra.

*

Entretanto, um milagre transformou o Vaticano de modo totalmente inesperado. Uma massa incrível de pessoas vinha de todos os lados para peregrinar até o túmulo do papa João Paulo II. O Vaticano não estava preparado para isso, não supôs essa participação. Apressadamente, teve que ser criado um corredor próprio, à esquerda da Basílica de São Pedro, para levar os milhões de visitantes à cripta sob a Basílica, onde está o túmulo do papa João Paulo II, e novamente para fora. Já de noite se aglomeravam grupos que, na escuridão esperavam pacientemente pela abertura da Basílica para poder rezar no túmulo do homem de Wadowice, na Polônia. Os números extrapolavam quaisquer previsões dos religiosos: em média peregrinavam 12 mil visitantes por dia até o túmulo, por ano eram, em média, quatro milhões de pessoas. Com isso, em alguns dias, o túmulo de Karol Wojtyla era o local mais visitado da cidade de Roma. Menos pessoas iam para o Coliseu, para o Palatino, para a escada da Trinità dei Monti, para a Fontana de Trevi, para o Fórum Romano ou para o Castelo de Santo Angelo do que para o túmulo do papa João Paulo II. De repente, Roma tinha uma atração a mais. Para o Vaticano, esse desenvolvimento foi incisivo, o começo de um novo tempo. Durante muitas décadas, se não séculos, a Igreja passou, sobretudo na Europa, por uma perda constante de apoio nas sociedades. Nas gerações passadas, cada vez menos pessoas confiavam inteiramente na Igreja. Um exemplo drástico é a encíclica "Humanae Vitae", de 25 de julho de 1968, do papa Paulo VI. Na ocasião, a Igreja aparentemente aceitou um enorme risco na confiança em sua influência sobre as pessoas. Ela decidiu intrometer-se no âmbito mais íntimo das pessoas: no comportamento sexual. O papa Paulo VI escreveu que "cada ação que vise a impedir a reprodução é condenável". O escrito papal entrou na história como a "Encíclica da pílula" e se mostrou um incrível fiasco, um desastre difícil de ser superado. A Igreja católica teve que se conformar que as pessoas não seguiriam as exigências da encíclica, ou seja, que não abririam mão de métodos anticoncepcionais. O que se mostrou muito mais devastador foi o fato de que, nos anos que se seguiram à encíclica, as mulheres católicas que tomavam a pílula contraceptiva não mostravam nenhum sentimento de cometer um pecado com isso. A Igreja católica profetizou que só meia dúzia de pecadoras tomaria a pílula. Aconteceu o contrário: a pílula contraceptiva, com mais de 200 milhões de unidades vendidas mundialmente por ano, se tornou uma das invenções mais importantes da história da medicina. Essa catástrofe, para o Vaticano, só não foi tão grande porque aparentemente se tinha estimado os fiéis de modo completamente equivocado, mas o Vaticano não se recuperou do fracasso porque o debate sobre a pílula mostrou que as opiniões da Igreja católica já eram indiferentes para muitas sociedades modernas. A Igreja católica já tinha se acostumado ao desaparecimento constante de sua influência sobre os fiéis – e então veio a tempestade que Karol Wojtyla desencadeou.

O RETORNO DA ESPERANÇA

De repente, o mundo parecia peregrinar para Roma. Às vezes eu me sentava no Arco delle Campane, à esquerda da Basílica de São Pedro, onde a massa de peregrinos que rezava no túmulo novamente saía para o ar livre. O incrível desse fenômeno era que centenas de milhares de pessoas peregrinavam para o túmulo vinham de países que durante a vida de Karol Wojtyla lhe deram friamente as costas. Eu ainda vejo a imagem diante de mim, quando Karol Wojtyla celebrou a missa nos gramados do Danúbio, em Viena, em junho de 1998. A organização estimou que na Áustria católica se repetiria um triunfo parecido com 1983, quando vieram quase 400 mil pessoas; mas quinze anos mais tarde, em vez da massa esperada, vieram só 50 mil fiéis – um fiasco. Nos Estados Unidos era a mesma coisa. Eu não podia acreditar quando via sair da cripta grupos de peregrinos americanos. Eu me lembrava bem da viagem do papa para St. Louis, nos Estados Unidos, em 1999. Realmente desastroso para o Vaticano foi uma passagem pelo centro da cidade, a downtown de St. Louis: repleta de pessoas mais interessadas nos produtos atrás das vitrines do que no papa. Foi uma imagem inacreditável. O papa passava pelas ruas bloqueadas e as pessoas simplesmente continuavam andando, sem parar ou até mesmo olhar para ele.

Mas tudo isso passou. Agora as pessoas se sentiam magicamente atraídas ao local em que Karol Wojtyla foi sepultado. Eu falei com muitos desses peregrinos. Todos eles vivenciaram seu próprio pequeno milagre com Karol Wojtyla, todos eles tinham uma relação com esse papa. Isso também estava relacionado com o fato de que nunca houve na história da Igreja um papa que viu tantas pessoas, que deu a mão a tantas pessoas, que benzeu tantas pessoas. Os peregrinos vinham para agradecer um casamento que sobreviveu e que ainda conseguiram ter uma criança há muito desejada. Cada vez que falava com essas pessoas, eu pensava: todos aprenderam uma coisa com ele, algo que era muito importante para esse Karol Wojtyla – no fim das contas, sua vida está nas mãos de Deus, e você pode confiar nesse Deus. Não tenham medo! Quantas vezes eu o ouvi dizer isso: "Non abbiate paura" – e por mais inacreditável que pareça, esse milagre ele realizou. As pessoas que eu vi saindo da cripta, que rezavam ali embaixo junto dele, realmente pareciam ter um pouco menos de medo e um pouco mais de confiança em Deus, que guarda suas vidas, porque esse papa da Polônia lhes deu alguma coisa de modo misterioso. Ele conseguiu que a esperança entrasse nos corações de milhões de pessoas. E os religiosos no Vaticano não podiam parar de espantar-se com que logo Karol Wojtyla reconciliou uma grande parte do mundo católico com sua Igreja.

*

Ainda me lembro como na época estava na tribuna ao lado de Francesco e dizia para o colega fotógrafo: "E se agora ele realizar milagres?"

Padre Jarek Cielicki, que também estava ao nosso lado, não tinha dúvidas: "Com certeza o fará. É só uma questão de tempo." Como sempre dizia o cardeal Joachim Meisner: "No céu, os santos se tornam verdadeiramente rebeldes". Se havia um céu, então agora era a vez de Karol Wojtyla.

Naturalmente ninguém sabia quando chegaria a notícia do primeiro milagre que Karol Wojtyla realizaria do céu, ao lado de Deus. Mas não havia dúvida de como esse milagre seria tornado público: na vigairaria geral de Roma, no escritório do postulador D. Slawomir Oder, responsável pelo processo de beatificação. Como o papa morreu como bispo de Roma, era responsabilidade da diocese de Roma dirigir as investigações para o processo de beatificação. Depois da morte do papa João Paulo II, começou esse incrível processo de investigação do caso de Karol Wojtyla, tal como é aplicado em todo processo de beatificação e de canonização. Nenhum comissário comum e nenhum defensor público precisa levar a cabo uma investigação assim, pois sempre se trata pelo que um morto deve ter feito. Toda investigação normalmente termina na terra, quando o suspeito morre. Continuar investigando um morto não faz sentido para a concepção do mundo, mesmo que se revelasse que o morto é o culpado procurado, não se pode mais puni-lo. Normalmente, toda investigação termina no túmulo. Mas no caso de uma beatificação, ela começa no túmulo. Nisso, as investigações seguem uma suspeita concreta: será que a alma de Karol Wojtyla se apresentou a Deus num céu inconcebível, num paraíso inexplicável para nós? Portanto, será que a alma do falecido papa foi até Deus, se é que isso é possível, e será que se dirigiu ao criador inexplicável e lhe disse: "Essa mulher ou homem ali embaixo na Terra me implorou por ajuda, por favor, lhe ajude também agora"? Será que isso realmente aconteceu, será que Deus concedia "exceções" em forma de milagres às pessoas, resguardando-as de uma ameaça de morte, algumas pouquíssimas pessoas? Se for assim, por que a alma do papa fazia isso? Se sua alma gozava as alegrias do paraíso, como podia pedir que uma pessoa devota continuasse na Terra, com suas inúmeras tentações e diversões duvidosas, em vez de chegar também o mais rápido possível ao paraíso, que aparentemente é muito mais desejável? Será que as pessoas em questão deveriam ter mais tempo para realizar algo na Terra? Será que a alma do falecido papa interveio junto a Deus?

Essa investigação foi confiada ao postulador do processo de beatificação do papa, Slawomir Oder, depois que o papa Bento XVI, já em 13 de maio de 2005, um mês após a morte de seu predecessor, exigiu que o processo de beatificação fosse iniciado o mais rápido possível. O papa anulou o prazo mínimo de cinco anos que, segundo a Igreja, precisa transcorrer antes que um processo de beatificação pudesse começar.

O VATICANO INVESTIGA

Do ponto de vista da Igreja existe um método muito simples de descobrir se uma alma apareceu perante Deus para lhe pedir algo: um milagre. O lado científico do milagre é investigado para a Igreja católica por uma comissão sob direção do médico do papa, o cardiologista Patrizio Polisca. Para o Dr. Polisca, o critério para um milagre é muito simples: é preciso haver um caso inexplicável, um caso que, segundo a opinião da ciência médica, não poderia ter ocorrido. Com o progresso das ciências, cada vez mais doenças saem da lista. Há alguns anos, a convalescença de determinados cânceres era tido como milagre. Hoje, há inúmeros métodos de cura que podem resguardar as pessoas da morte, mesmo que sofram de um grave câncer. Por isso, a comissão médica não gosta de selecionar curas de cânceres para uma beatificação ou uma canonização.

Mas para o estado atual da ciência há dois casos que são simples de decidir: doenças incuráveis e o desaparecimento ou aparecimento de um órgão ou de partes de um órgão. Pela ciência, não é possível curar uma doença como esclerose múltipla ou mal de Parkinson. Igualmente é impossível que um paciente que sofre de uma disfunção genética incurável no coração de repente acorde e o órgão doente foi, como que por uma mão invisível, trocado por um sadio. Nesses dois casos, a comissão médica está inclinada a falar de um milagre. O Dr. Patrizio Polisca dá muito valor para constatar que não é ele que decide se um milagre aconteceu. "Tudo o que faço é refletir se poderia se tratar de um caso médico inexplicável", acentua sempre o Dr. Polisca.

A comissão teológica precisa resolver um enigma diferente: será que a alma do falecido realmente foi chamada, e foi a alma certa? Nesse ponto sempre há dissensão. Se um paciente sofre de uma doença incurável e de repente fica são, e se no decorrer de sua doença ele rezou para uma série de falecidos para pedir ajuda, então o caso é arquivado, porque não se pode decidir qual dos falecidos pode ter realizado o milagre junto a Deus. Somente quando se pode constatar claramente que um paciente pediu a ajuda de um falecido determinado – e somente a ele – e a ninguém mais, então a comissão para beatificação e canonização pode trabalhar com esse caso. Algumas vezes, em casos muito raros, acontece que a Igreja encontra um suposto milagre, mas não pode fazer nada com ele, porque não fica claro quem o poderia ter realizado.

Assim, também para a beatificação do papa João Paulo II um caso inacreditável deveria ser usado como prova de um milagre, mas simplesmente não se conseguia constatar para quem a mulher envolvida rezou em sua necessidade. Por isso o milagre teve que ser deixado de lado. Acho que raramente pesquisei um milagre tão detalhadamente como esse caso, porque foi um milagre espetacular. Esse caso de Pádua impressionou profundamente os investigadores em Roma, porque todos os médicos envolvidos falavam sem receio de um milagre. Uma jovem mulher sofreu uma perda total do líquido amniótico durante a gravidez, a bolsa em sua barriga tinha estourado. A bolsa amniótica é uma proteção elástica para resguardar a criança; sem ela, a criança, mais dia menos dia, será espremida no corpo da mulher. Todos os médicos com quem conversei sobre esse caso me disseram que uma criança pode sobreviver com uma pequena ferida superficial na bolsa amniótica. Mas um caso como esse, em que durante várias semanas não havia traço de líquido amniótico na barriga da mulher, significava, segundo a opinião dos médicos, um enorme risco para a mãe. Deram-lhe muitos antibióticos, porque havia o perigo de que a criança moribunda pudesse intoxicar a mulher. E a criança estava ameaçada de graves deformações. Porém, em Pádua aconteceu o inacreditável: o líquido amniótico se formou novamente, apesar de a bolsa ter estourado no ponto mais desfavorável, exatamente embaixo, e a criança nasceu sem qualquer deformação. Como se Deus quisesse dar uma indicação aos homens, o menino tinha uma minúscula deformação num dos dedos do pé. No Brasil, onde ocorreu um caso muito parecido, a Igreja católica reconheceu como milagre: a criança sofria exatamente da mesma deformação de um dedo do pé. Mas esse milagre que, segundo a opinião de todos os médicos com que falei sobre o caso, incluindo os que trataram do caso, não era medicamente explicável. Esse caso não significava nada para o Vaticano. No decorrer de sua estadia no hospital, a mãe sem traço de líquido amniótico de vez em quando pensou no papa João Paulo II, em sua feliz participação na jornada mundial da juventude em Paris, mas ela não rezou clara e indubitavelmente para ele, implorando-lhe por ajuda.

O escritório do investigador chefe Slawomir Oder recebeu indicações para 248 supostos milagres.

Então uma notícia da França chegou até o postulador, e o milagre unívoco para a beatificação foi encontrado. O inacreditável aconteceu na noite do dia 2 para 3 de junho de 2005. O papa João Paulo II tinha falecido há dois meses. Karol Wojtyla não deixou que esperassem muito por ele com um milagre. O caso contrário seria uma surpresa para os religiosos, pois nunca antes um papa incentivou tanto a investigação de milagres na Igreja católica como Karol Wojtyla.

O MILAGRE DO PAPA

A freira Marie Simon Pierre Normand, da ordem das Irmãzinhas das Maternidades Católicas, vivenciou algo único na noite para o dia 3 de junho de 2005 em seu convento, em Aix-en-Provence, na França. Ela contou, durante uma coletiva de imprensa em 2008, em Roma, e em janeiro de 2010, em Aix-en-Provence, o que lhe aconteceu. "À noite me deitei, acordei às 4:30, surpresa por ter conseguido dormir. Imediatamente percebi que algo extraordinário aconteceu." A freira supostamente vivenciou algo que não se pode vivenciar nesta terra, uma cura da doença de Parkinson. Não existe nenhum caso documentado além da cura da irmã Marie Simon Pierre Normand.

Ela cresceu no norte da França, perto de Cambrai, filha de uma família com cinco crianças. Já durante sua crisma, a menina decidiu tornar-se freira. A decisão amadureceu nela e se tornou mais nítida quando, como auxiliar, acompanhou doentes para o lugar de peregrinação, em Lourdes. Ela também sabia exatamente em qual ordem queria ingressar: nas Irmãzinhas das Maternidades Católicas. Mais tarde, Marie Simon Normand escreveu: "Eu as notei porque sempre tinham um sorriso nos lábios, pois eu sempre me perguntei: o que faz essas mulheres tão alegres?" Apesar do protesto de seus pais, ela ingressou na ordem. Em 2001 veio o grande choque: os médicos diagnosticaram o mal de Parkinson. Sua mão e perna esquerdas estavam afetadas. "No início eu ainda conseguia ver o papa João Paulo II pela televisão, ele era como um amigo, mas depois foi ficando cada vez pior para mim. Quando eu via o papa, pensava, sim, aquilo que você vê virá nos próximos anos para você", disse a freira para a agência francesa KTO. A doença tomou seu rumo, as paralisias trêmulas ficaram cada vez mais fortes. "Minha mão esquerda estava afetada, e tudo não teria sido tão grave se eu não fosse canhota."

A doença se agravou. A irmã Marie Simon Pierre Normand quase não conseguia mais andar, ela nem mesmo conseguia anotar recados simples. Uma insônia constante fez a mulher sofrer. Ela sempre continuou rezando com as irmãs da ordem. No decorrer de 2005, seu estado piorou, nos dias depois do falecimento do papa João Paulo II, as irmãs rezaram em conjunto. "Foi uma experiência muito intensa para mim, o papa era um amigo; mesmo que em breve ele estivesse no céu, eu tinha a sensação de tê-lo ao meu lado", disse a irmã à KTO. Depois da morte do papa, as irmãs fizeram uma novena, ou seja, uma oração que foi repetida durante nove dias seguidos, ao falecido papa e lhe pediram para ajudar à irmã Marie Simon. "Durante essa oração, eu sempre tive a sensação de sentir em mim a frase que me dizia: 'se você acredita, você verá a magnificência de Deus'." Mas seu estado continuava a piorar. "No dia 2 de junho, eu estava tão mal que pedi à madre superiora para me dispensar de todos os serviços e trabalhos. Simplesmente não podia mais. A madre superiora pediu que eu escrevesse o nome de João Paulo II num papelzinho, eu tentei, mas só saiu um rabisco. Durante um bom tempo estivemos diante do papel e o olhávamos. Então a madre superiora me disse que o papa João Paulo II ainda não tinha proferido a última palavra. Eu pedi para me retirar."

Na noite para 3 de junho aconteceu o milagre. Quando a irmã acordou, pela primeira vez conseguiu andar cinquenta metros de uma vez, sua letra estava clara, e ela escreveu sem problemas o nome João Paulo II. Ela consultou os médicos que a trataram desde 2001. Eles estavam diante de um inacreditável enigma, a primeira cura de mal de Parkinson na história da medicina.

O Vaticano sabia desde o começo que esse milagre teria que ser investigado com mais detalhes do que qualquer outro. Presidido pelo Dr. Patrizio Polisca, a comissão chegou a um resultado inequívoco: era um milagre sensacional, o único caso conhecido de cura completa de uma doença incurável. Será que o papa, no céu, libertou uma freira de uma doença que também o fizera sofrer durante anos? Para a Igreja católica não havia dúvidas a respeito.

O PAPA SONHADOR

Cidade do Vaticano, Roma. Final de fevereiro de 2011. Eu queria ir de mobilete para casa, passando pelas colunas da Basílica de São Pedro, quando descobri meu amigo fotógrafo Francesco nesse primeiro dia quente do ano de 2011, sobre as pedras brancas diante da fachada do palácio da Congregação para as Causas dos Santos, na Praça de São Pedro. Com uma jaqueta preta de fotógrafo, ele estava sentado de olhos fechados como um esquilo que usufrui o primeiro sol. Eu parei, desci e fui até ele. Ele me abraçou e nos sentamos. Desde a quase queda do helicóptero a caminho de Cracóvia, temos uma ligação; nunca passei por ele sem cumprimentá-lo.

"Você ouviu? Agora realmente o beatificaram."

Ele concordou. "Logo Wojtyla. Uma beatificação é como uma classe de luxo religiosa, apesar de ele preferir andar de Fiat."

Demorou um pouco até que eu entendi a piada, e desatei a rir. Karol Wojtyla muitas vezes nos tapeou, mas raramente o conseguiu fazer isso tão bem como em Castel Gandolfo. Na época, estávamos sentados na maravilhosa praça diante do palácio papal, gastamos uma fortuna em café e refrigerante e esperávamos que o papa saísse. Todos nós sabíamos que, às vezes, ele deixava o palácio para ir andar em algum lugar. De vez em quando, grandes carros de luxo, Mercedes Classe S, entravam no palácio apostólico. Imediatamente nos levantávamos e tentávamos ver quem estava no carro, mas sempre era algum cardeal ou um bispo. Toda vez era interessante ver como os veículos de luxo chegavam ao pátio de Castel Gandolfo, todos os Audi 100 ou BMW 7. Isso não era interessante só porque pensávamos que o papa poderia estar num dos carros, mas também porque o portão que dava para o pátio era muito estreito. O motorista precisava ter boa pontaria para chegar a esse pátio sem raspar o carro. Assim que um carro de luxo deixava o palácio, os fotógrafos começavam a clicar, mas na maioria das vezes era o secretário de Estado cardeal Angelo Sodano, que utilizava uma Mercedes Benz azul Classe S. Ele não tinha problema em gozar de um estilo de vida luxuoso; para sua posse, ele requisitou uma orquestra completa, que enriqueceu a noite de honra nos jardins do Vaticano. Mesmo que ficássemos atentos como cães de caça e de termos colocado uma segunda trupe de fotógrafos na entrada lateral de Castel Gandolfo, nunca conseguimos descobrir o papa.

Começamos a acreditar que ele tinha desistido de ir passear, apesar da predileção de Karol Wojtyla falar o contrário. Ele amava as montanhas, e nos parecia impensável que ele passasse as férias sem subir em pelo menos uma montanha. O que não notamos foi o pequeno carro que de vez em quando entrava e saía de Castel Gandolfo. Na frente estava sentado um monsenhor com um jornal aberto, nunca imaginamos que o homem abria de tal modo o jornal para esconder o rosto do papa João Paulo II, que se espremia no banco traseiro do pequeno carro. Karol Wojtyla deixava as luxuosas limusines Classe S para seus cardeais.

*

"Você alguma vez já pensou que ele poderia ser um santo?", perguntei a Francesco.

Ele riu. "Karol Wojtyla um santo? Você se lembra de que deveríamos falar mal dele?"

Claro, pensei, quem é que poderia esquecer isso? O papa veio exaltado para D. Stanislaw Dziwisz e havia alguns repórteres por perto. Ele disse aos jornalistas: "Vocês escrevem mal sobre mim." Nós pensamos, xiii, o homem realmente está bravo. Depois ele disse: "Mas eu merecia que vocês escrevessem muito pior sobre mim." Todos rimos, inclusive ele. Um santo faria algo assim?

*

"Você se lembra de que ele estava sempre possuído pela ideia de ter que se confessar com mais frequência, porque achava que era um grande pecador?"

"Claro", disse eu, "mas se Karol Wojtyla foi um grande pecador, então nós dois seguramente iremos para o inferno."

"Você se lembra do mendigo?"

Sim, eu me lembrava. Essa história impressionou durante meses a todo o Vaticano. Na época, perambulava um mendigo pelas colunas da Basílica de São Pedro. Na verdade, ninguém sabia nada mais específico sobre ele, a não ser que vivia de esmolas e dormia em algum nicho das grandes construções em torno da Basílica. Um dia, um bispo que tinha um encontro com o papa atravessou a Praça de São Pedro, viu o mendigo e o reconheceu. Ele tinha sido padre em sua diocese, antes de ter sido desviado por golpes do destino. Lá em cima, no apartamento do papa no palácio apostólico, o bispo contou a João Paulo II que ele vira um antigo padre que vivia como mendigo na Praça de São Pedro. Karol Wojtyla não hesitou nenhum segundo, disse ao bispo para descer até a praça e buscar o padre para que pudesse almoçar com eles. O bispo desceu e pediu ao homem surpreso e bastante maltrapilho para subir à mesa do papa. O homem concordou e ficou calado à mesa. Ninguém falava com ele. Simplesmente todos comeram juntos. Quando o almoço acabou e todos queriam ir, o papa dirigiu-se pela primeira vez ao padre mendigo. Mas não para lhe perguntar por que tinha abandonado sua comunidade, ele disse: "Tenho um pedido, o senhor poderia me confessar?" E foi assim que aconteceu: o grande papa se confessou com o mendigo. Como se fosse um pobre pecador.

"Ele nunca quis que as pessoas olhassem para cima. Você acha que no paraíso se pode pegar um dia de férias? Se for possível, ele o fará; ele não gostaria de ser festejado por milhões como beato. Ele impediria isso, se ele pudesse", achava Francesco.

Ele acendeu um cigarro.

"Eu não sei", disse eu.

"Você tem razão. Sempre que queriam que fosse santo, ele se submeteu, com sua humildade, ele sempre se submeteu."

*

"Você se lembra do padre em Wadowice?", perguntou Francesco.

"Eu poderia ter-lhe torcido o pescoço", respondi.

No dia 16 de junho de 1999, Karol Wojtyla visitou pela última vez seu vilarejo natal. A lesão no quadril, após a operação fracassada, era tão grave que ele não podia mais andar; ele estava sentado diante da Igreja de sua cidade e então aconteceu algo mágico. Ele nos levou, a todos nós que o escutávamos na praça, para uma viagem por Wadowice, em seu pensamento ele atravessou a Wadowice de sua infância e juventude. De repente, ele era jovem, contava dos proprietários das lojinhas na vizinhança, dos conhecidos judeus, do locatário da família Wojtyla e de como comprou os amados pedaços de bolo folheado Kremowski. Para os jovens na praça, era muito bom ouvir como Karol Wojtyla fazia reviver a Wadowice de sua infância. Nessa tarde, ele estava sentado um pouco elevado em seu trono diante da Igreja de sua infância. Por cima das cabeças das pessoas ele podia ver as ruelas da cidade, e em pensamento as atravessou uma após a outra. De repente, um jovem padre estava diante dele, enquanto o papa fazia retroceder o tempo. O papa contava dos jogos de futebol nos gramados de Wadowice, do tempo feliz antes da grande guerra. O jovem padre agora se acotovelou cada vez mais próximo do papa sonhador. Raramente tive uma impressão tão tocante da vida de Karol Wojtyla como nessa tarde, quando ele, cheio de alegria, parecia passar por sua infância e juventude com um olho espiritual. Mais tarde me perguntei se ele supunha que essas seriam suas últimas horas em sua cidade natal. O padre agora segurava a imagem de Nossa Senhora em frente ao papa. O gesto era claro. O jovem padre queria dizer: Bom, pare com essa besteira pessoal de recordações, seja enfim um homem santo, cale a boca, faça sua santa obrigação e benza a imagem. Pois é isso o que um santo padre deveria fazer, se o senhor fosse um santo padre devoto, então faria isso agora.

Durante um instante Karol Wojtyla tentou ignorar o padre. Ele se lembrou da alegria das excursões para as montanhas e dos invernos duros em que só tinha sapatos de madeira, que quase não protegiam do frio. Ele queria fazer ressuscitar nesse final de tarde algumas pessoas que não tiveram a sorte de sobreviver à Segunda Guerra Mundial, os judeus que ele viu quando se mudaram para a sinagoga, as pessoas do povo que foram covardemente assassinadas. Uma primeira parte de sua infância ele ressuscitou, uma primeira parte de sua família, seus parentes, seus amigos; ele estava começando a construir a segunda parte, a contar da quadra de esportes de sua juventude, quando o padre se colocou autoritariamente diante dele com o gesto que nitidamente dizia: "Se o senhor quer ser um homem santo, então faça finalmente o sagrado, e benza essa imagem." E Karol Wojtyla se submeteu, ele interrompeu sua história. Na ocasião, eu queria mandar o padre para o inferno, eu juro. Por que não deixava esses poucos minutos para esse velho homem, por que não o deixou lembrar-se uma última vez de sua infância e juventude e nos deixar ouvir? Será que era pedir demais? Sim, era pedir demais. Wojtyla se submeteu a seu cargo. Ele benzeu a imagem e as massas na praça do mercado e foi para o próximo encontro que o esperava em Cracóvia. Ele nunca mais viria para Wadowice.

*

"Eles o sepultarão lá em cima, na Basílica de São Pedro. Agora que é beato; na capela de São Sebastião, você já ouviu isso?", me perguntou Francesco.

"Sim, sim, eu sei, e acho que ele gostaria disso. Agora ele pode olhar para sua porta santa que está logo ao lado, até a eternidade", respondi.

Ali ele se ajoelhou na noite de Natal de 1999 com aquele manto *hightech*, que deveria ser o mais leve possível para seus fracos ombros, diante da Porta Santa, ao lado da Pietá de Michelangelo e a alguns metros da capela em que seria preparado seu túmulo. Ele realmente conseguiu realizar a profecia do antigo primaz da Polônia, cardeal Stefan Wyszynski: "Você levará a Igreja para o terceiro milênio." Meros três anos após a eleição de Karol Wojtyla, no dia 28 de maio de 1981, ele morreu em Cracóvia, com 79 anos de idade, e ele ainda passou pela situação de acreditar que sua profecia não tinha chances de se realizar. Karol Wojtyla estava gravemente ferido no hospital Agostino Gemelli, em Roma, após o atentado de 13 de maio. Na época, parecia menos seguro que ele sobrevivesse à longa década de 1990. Quantas vezes ele mesmo deve ter duvidado da realização da profecia, quando foi diagnosticada a doença de mal de Parkinson, o tumor no intestino, a infecção viral? Mas ele realmente conseguiu. O menino de Wadowice estava ajoelhado diante da Porta Santa e realizou o "grande jubileu" do nascimento de Cristo há dois mil anos.

Ele estava feliz por ter conseguido, e utilizou o ano santo para consertar tantas coisas que ninguém antes na Igreja se atreveu a tocar. Na quarta-feira de cinzas desse ano, ele pediu perdão pelo que os cristãos fizeram aos judeus: "Deus de nossos pais, você escolheu Abraão e seus descendentes para levar teu nome para os povos. Nós estamos profundamente deprimidos com o comportamento de todos que, no decorrer da história, deixaram teus filhos e filhas sofrer. Nós pedimos perdão e queremos nos esforçar para que haja verdadeira fraternidade com o povo na união." Depois disso, finalmente muita coisa foi consertada entre cristãos e judeus.

*

Francesco piscava para o sol. "Além disso, do túmulo ele quase consegue ver o lugar em que deixou em pânico os peregrinos, no confessionário."

Tive que rir. Na Sexta-feira Santa ele desceu do apartamento papal e simplesmente se sentou num dos confessionários para ouvir as pessoas. Os funcionários da Basílica de São Pedro, os "San Pietrini", escolheram alguns peregrinos da fila de espera e os levaram até o confessionário, e no último segundo lhes disseram: "O papa ouvirá sua confissão." A maioria ficou pálida como um cadáver, e eu sempre me perguntei se eles realmente foram honestos e confessaram seus pecados ao papa, ou se silenciaram sobre os pecados picantes para confessá-los mais tarde a outro padre.

*

"Você irá para a capela em que o sepultarão para visitá-lo?", me perguntou Francesco.

"Claro", disse eu.

"Eu também. Afinal, ele tem a culpa de que nós dois pensávamos que nossa vida terminaria num helicóptero em queda na Polônia; ele tremia tanto que eu pensei não ser possível terminar bem. O papa já não tinha medo."

"Então você irá até ele, e o que você lhe dirá?"

"Não faço ideia. Mas eu sei o que ele me dirá: 'Então, Andreas, você escreveu de novo mal de mim? Mas você sabe que eu merecia que você escrevesse muito pior de mim.'"